"悦科普"书系

U0784080

"共和国勋章"获得者的故事

于　敏

武向平　主编
吴明静　著

中国科协青少年科技中心
中国青少年科技教育工作者协会 组织编写

CTS K 湖南科学技术出版社·长沙

中国科协青少年科技中心
中国青少年科技教育工作者协会　组织编写

总　策　划：胡艳红　辛　兵
主　　　编：武向平
副 主 编：苏　青
编委会成员：戴木才　陈阳波　林利琴　姚予疆
　　　　　　彭东明　夏江华　文　焰　甘敏求
　　　　　　赵　恒
著　　　者：吴明静
顾　　　问：应阳君

　　青年人选择职业和专业方向，首先要选择国家急需的。
每个人的前途和命运都与国家的兴衰紧密地联系在一起，才
会有所作为，才会是一个无愧于祖国和民族的人。

——于敏

序言

王柯敏

习近平总书记指出："科技创新、科学普及是实现创新发展的两翼，要把科学普及放在与科技创新同等重要的位置。"党的二十大报告历史性地将教育、科技、人才"三位一体"统筹部署，进一步明确了科普发展的战略任务和使命导向。科学普及在提升公民科学素养、培育高素质创新大军、弘扬全社会科学精神等方面正在发挥越来越积极的作用。中小学生作为国家的未来和希望，他们的科学素养直接关系到国家的创新能力和发展潜力。加强中小学生的科普教育，提高他们的科学素养，显得尤为重要。

科普阅读，恰恰是开启智慧之门、引领孩子们走进科学殿堂的一把钥匙，更是同学们涵养科学精神、提升科学素养的重要途径。为此，湖南省教育厅联合湖南省科协、湖南出版集团共同开展了"科普阅读行动"，旨在通过评选并推荐一系列优秀的科普图书，为广大中小学生提供一份覆盖广、角度全、权威性强的科普阅读指南，帮助中小学生开阔视野、增长知识，提升自主探索和解决问题的能力，为将来走向社会奠定坚实基础。

科学成就离不开精神支撑。弘扬科学家精神，立德树人是本次行动的核心宗旨。这次遴选的图书包含了《"共和国勋章"获得者的故事：于敏》《杨振宁的故事》《共和国的数学家》等相当一部分科学家传记，它们生动记叙了科学家的成长经历和研究历程，深入挖掘了他们的精神内涵。正如法捷耶夫所言："青年的思想愈被范例的力量所激励，就愈会发出强烈的光辉。"通过阅读科学家传记，中小学生能学习到科学家坚韧不拔、勇于探索、追求真理的崇高品质，获得宝贵的精神财富，激励他们在未来的人生中锚定热爱、心怀梦想，一往无前。

这些书目，一方面涵盖了数学、生物、物理等多个领域，与中小学生的学科学习紧密相关；另一方面，还有如《中国智造》《重器》《人工智能极简史》等关切当下热点，聚焦前沿科技，弘扬科技强国理念的作品。通过阅读这些图书，学生们可以深入了解生命的奥秘、感知自然的神奇、探索宇宙的无穷、感受科技的力量，从而激发他们对世界的兴趣和好奇心，加深对科学原理的认识和理解。

更为难得的是，面对未来跨学科融合的趋势，此次推荐的书目，不仅限于现代自然科学知识，还十分注重对中华传统文化的继承与弘扬，比如《中华造物记》《物语诗心：古诗与物理奇遇记》《二十四节气》等书籍，就有机地将科学与文化相结合，让中小学生在了解科学知识的同时，也了解祖国的悠久历史和灿烂文化，感受中华文明的博大精深，激发他们的民族自豪感和文化自信。

书单还针对不同年龄段学生的特点对图书的难度和侧重点进行了精心安排，既保证了科普阅读的连贯性和系统性，又充分考虑了不同学段学生的认知特点和学习需求。比如针对小学低年级孩子主要推荐科普绘本，它们色彩鲜艳、画面生动，将复杂的科学原理用直观可感的方式呈现；推荐给小学中高年级孩子的图书大多将科学家精神、科学知识有机融入故事中，通过生动活泼的讲述、妙趣横生的比喻有效提升孩子的文本阅读兴趣，同时也让他们学会写作叙事的技巧；面向初高中学生，书单推荐了《费曼讲物理：入门》《十问：霍金沉思录》等经典佳作，它们是人类智慧的精粹，能提升学生的思辨力，学会客观、审慎地看待自我和世界。

那么，应该如何用好这份书单呢？首先，家长和老师在选择图书时，要适当考虑孩子的年龄、充分尊重孩子的兴趣。其次，鼓励孩子们在阅读过程中积极思考、提问和讨论，引导孩子们关注书中的科学原理、实验方法和科学精神，与他们一起探讨和解答疑惑。此外，还可以结合观察实验、观看科普视频、参观科技馆等实践活动来深化阅读效果。

我相信此次"科普阅读行动"，会推动更多的孩子们踏上科普阅读、博学明辨、慎思笃行的成长旅程。我们也会持续关注科普教育的发展动态，为培养更多具有创新精神和科学素养的新一代人才而不懈努力。相信在不久的将来，许许多多热爱科学、勇于探索的孩子将成为推动社会进步的重要力量，为实现中华民族伟大复兴的中国梦贡献自己的智慧和力量。

（作者系湖南省教育基金会第四届理事会理事长，湖南省人大常委会原党组副书记、副主任，湖南省教育厅原党组书记、厅长，湖南省委教育工委原书记，湖南省科技厅原党组书记、厅长，湖南大学原校长）

致敬楷模　引领成长

一个个名字，闪耀着百折不挠的光辉；

一段段传奇，谱写着感天动地的壮歌；

一枚枚勋章，铭记着不可磨灭的功绩。

"共和国勋章"是中华人民共和国最高荣誉勋章，授予在中国特色社会主义建设和保卫国家中做出巨大贡献、建立卓越功勋的杰出人士。中华人民共和国成立至今，已有于敏、申纪兰、孙家栋、李延年、张富清、袁隆平、黄旭华、屠呦呦、钟南山等 9 位杰出人士获得"共和国勋章"。他们虽然在不同的领域奋斗，但却都有着共同的特点：为中国人民谋幸福，忠诚担当；为中华民族谋复兴，拼搏奉献；为人类社会谋发展，开拓创新。

"一个有希望的民族不能没有英雄，一个有前途的国家不能没有先锋。"

伟大时代呼唤伟大精神，崇高事业需要榜样引领。《"共和国勋章"获得者的故事》是一套将"共和国勋章"获得者成长、拼搏、奋斗、开拓、创新、奉献的故事讲给青少年读者的主题出版图书。全书以时间为经，以事件为纬，用故事形式将"共和国勋章"获得者的人生重大节点、感人事迹、高光时刻、重大贡献和所获荣誉等紧凑有序地串接起来，以便青少年获得更好的阅读体验和人生感悟。

青少年是民族的未来，是祖国未来美好生活的创造者和践行者。"共和国勋章"获得者身上所展现出来的优秀品格和崇高精神，对青少年的成长和发展将起着很好的教育、引领和示范作用；青少年可从这些英雄模范人物身上汲取不平凡的力量，热爱科学，爱岗敬业，担当作为，从点滴做起，把平凡的事做好，获得不平凡的人生，长大后努力为党、为国、为民多做贡献。

这就是湖南科学技术出版社联合中国科协青少年科技中心、中国青少年科技教育工作者协会《"共和国勋章"获得者的故事》的初衷，也是全体编创出版人员对时代先锋人物表达的由衷敬意。

我希望，这套丛书能给予青少年以启发和激励，有助于他们系好人生"第一粒扣子"，激励他们向往并努力追求人生的"第一枚勋章"，绽放真正属于自己的青春华彩。

中国科学院院士

注：武向平，中国科学院院士，国家天文台研究员，中国科学院大学天文与空间科学学院院长，全国政协委员，中国科协常委，中国青少年科技教育工作者协会，北京科学技术普及创作协会理事长。主要从事宇宙学研究，曾获国家自然科学奖二等奖、何梁何利基金科学与技术进步奖等奖项。

目录

揭秘氢弹之人

1966 年 12 月 28 日，新疆罗布泊，千里无人烟的茫茫戈壁，正是隆冬时节，蓝天如洗，呵气成冰，寒气刺骨。

在这片沉寂了千年的荒漠上，竖立着一座高达 100 多米的铁塔，有一股神秘的能量正在酝酿。

"10、9、8、7、6、5、4、3、2、1，起爆！"

倒计时的口令，一声声地在电流中倏忽穿过，零时到了！只见一道超高亮度、令人无法直视的白光照亮了荒芜的大漠，大地在颤抖，好像有一条巨龙从地面腾空而起，夹卷着无数沙尘碎石，急速伸展开庞大的身躯，咆哮着直上九天！

排山倒海的冲击波随后向四面冲开！离铁塔 1～2 千米外，一些事先安排好的试验用建筑物在瞬间变形垮塌，腾起无数灰烬。

这是一次验证新理论的核试验。

　　这是中国第一次氢弹原理试验。

　　强光消失后不久，在距离爆心 20 多千米外的观察所，很快收到了速报数据，人们欢呼起来！"成功啦！""成功啦！"

　　在沸腾的人群中，一位微胖的中年人，努力抑制住内心的激动，喃喃地说："好！好！"

　　他的面容沉静文雅，戴着一副黑框眼镜，摘下眼镜后，目光清亮深邃，一看就是位睿智的知识分子。他虽然没有像周遭的年轻人那样兴奋得又叫又跳，但是脸上也满是喜悦的笑容。

　　很多人挤过来用力拍他的肩膀，他们紧紧地握手，相互表示祝贺，这些人中有很多是成名已久的大科学家，如朱光亚、程开甲、王淦昌等。这些顶尖专家的脸上也都洋溢着发自内心的欣喜，因为中国的氢弹指日可待了！

　　那位收到无数祝贺的中年人，他的名字叫于敏。他就是为中华民族揭开氢弹奥秘的人。

　　他亲自参加、亲眼见证的这次氢弹原理试验，虽然只是爆炸了一枚氢弹装置，威力不是很大，但是证明了由他提出的氢弹理论设计方案是合理有效的，表明中国实现了从原子弹到氢弹的历史性突破。

　　半年之后，1967 年 6 月 17 日，同样在罗布泊，中国科技工作者制造的第一颗氢弹，通过空投试验，释放了巨大的威力，获得圆满成功！

　　一幅壮丽的景观出现在中国西部上空。在远离试验场的地方，有一位放羊的维吾尔族老爷爷惊奇地喊道："天上出现了两个太阳！"

　　只见"两颗太阳"一大一小，同时悬挂在碧空当中，刹那间，大

的一颗迸发出极强的白光，顷刻，湛蓝的天上绽开一朵硕大的蘑菇云，蘑菇云中间的气流不断卷吸升腾，整个蘑菇云膨胀起来，一直冲向高空。

中国政府向全世界庄严宣告：中国的氢弹研制成功了！

喜讯迅速传遍全国，大街小巷都沸腾了！人们纷纷走出家门，争抢《人民日报》刊发的号外。大家自发地举着红旗游行，汇成庆祝的海洋。这是值得中华民族骄傲的一天！

而这时的于敏，却没有出现在核试验场。他在干什么呢？

他安静地坐在北京的书桌前，专注着继续从事艰深的研究，探索下一步的工作。

他没有参加外面街道上的游行和庆祝。

他的同伴也没有。

因为承担绝密国家任务，他们的激动和喜悦，他们的巨大幸福感，只能悄悄藏在心里。

后来，于敏回忆道："1966年底的原理试验成功，大家心里就有底了，我们的理论方案没有问题，我们的道路选择是正确的，中国爆炸第一颗氢弹，肯定能成功！"

这位为中华民族揭秘氢弹的人还透露，1967年6月17日的那个晚上，他很早就睡了，睡得很安稳。

氢弹有何特殊

原子弹和氢弹，同属于核武器。有核国家首先研发爆炸原子弹，再探索研究氢弹。

世界上第一个拥有核武器的国家是美国。在第二次世界大战中，包括美国、英国、德国在内的很多国家都在秘密研制原子武器①。1945年7月16日，美国抢得先机，在新墨西哥州试验原子弹成功，立即将这种"新型炸弹"用于战争，1945年8月6日和9日，美国在日本广岛和长崎先后投下两枚原子弹，敦促日本政府投降。

这两枚叫"胖子"和"小男孩"的原子弹，瞬间摧毁了两座城市，日本军国主义者最为倚赖的军工基地化为齑粉。核武器的威力一时震惊了

---

① 美英共同研究，英国科学家参加了美国的曼哈顿工程。

世界。第二次世界大战结束后，美国、苏联、英国、法国更加积极地开展核武器研究。美国第一颗氢弹于1952年爆炸成功。苏联于1949年引爆了第一颗原子弹，于1955年爆炸成功第一颗氢弹。

那么，为什么有了原子弹后，还要有氢弹呢？

这要从原子弹与氢弹的不同说起。

原子弹是利用铀或钚等放射性材料产生裂变反应，瞬间释放巨大能量的核武器。原子弹的威力通常在数百吨到数万吨梯恩梯（TNT）当量。

氢弹是由氘、氚等轻核材料产生聚变反应主导，瞬间释放巨大能量的核武器，威力可达数千万吨梯恩梯（TNT）当量。

简而言之，原子弹通过一个原子核分裂成多个粒子实现巨大能量的瞬间释放；而氢弹则要使两个带电原子核聚合成一个更大原子核产生聚合反应。

原子弹的威力巨大，而氢弹的威力更强大！原子弹设计上有临界质量的上限，而氢弹采用两级设计，原则上可以将其威力设计得很大很大。

此外，氢弹采用两级设计，可以有意地增强或减弱某些杀伤性因素。因此，氢弹的军事性能比原子弹更优越。

也就是说，相对原子弹，氢弹的战略威慑价值更高。

所以，有核国家无不在攻克原子弹之后，还要全力以赴攻克氢弹。

除了美国、苏联之外，第二次世界大战后，英国和法国在核武器方面也加快研制步伐。英国和美国合作，先后试爆成功原子弹和氢弹。法国也不甘示弱，在爆炸原子弹后，尽管遇到重重困难，依然用了8年多的时间拿下氢弹。而中国只用了2年8个月就完成了从原子弹到氢弹的试爆。

中国是被迫发展核武器的。1951年，美国把战火烧到中朝边境，我国的国家安全面临严重威胁，中国人民不得不再次握紧手中的枪，抗美援朝，保家卫国。面对战场上的不利局面，美国总统杜鲁门多次狂妄叫嚣要用原子弹教训中国，甚至把核武器装船运抵日本海。一时间，世界和平被浓重的乌云笼罩，新生的共和国面临前所未有的、步步紧逼的安全威胁。

1958年，中国共产党中央委员会（中共中央）决定，成立核武器研究机构，开展核武器研究。6年后，中国就爆炸了第一颗原子弹，东方一声巨响，扬眉吐气，寰宇震惊。

英明的国家领导人，审时度势，未雨绸缪，早在紧锣密鼓地突破原子弹的时期，就安排了攻克氢弹的任务。

但是，于敏却没有从一开始就加入核武器研究，他也没有参加第一颗原子弹的研制。很长一段时期，他是在原子核理论研究领域连续取得优异成绩、极有前途的青年科学家。

他是怎么从基础研究转向国防科技研究的呢？他是怎么走出一条杰出的科研道路的呢？

让我们从他的童年说起。

立志科学救国

1926 年 8 月 16 日，于敏出生在河北省宁河县（今属天津）一个普通家庭。

宁河地处天津东北部，自古以来是连接华北、东北的交通枢纽，为历代兵家必争之地。宁河物阜民丰，县城芦台镇自唐代起就是海防重镇，史称"千年雄镇古芦台"。

于家祖上是书香门第，有一段时期因从事渔业和运输业，在当地小有名气。近代以来，于家逐渐衰落。于敏的祖父念私塾、读经书，供两个儿子上新式学堂，但毕竟家境大不如前，他反复叮嘱儿孙们要勤劳、朴实、厚道，在祖父的教诲下，于家的孩子都继承了这一家风。

于敏的父亲于兆鲲是家中长子，高中毕业后，到天津市财政局供职，做到稽征股股长；于敏还有一位叔叔，军校毕业，在军队中做教官。

于敏的母亲于王氏是典型的传统女性，虽不通文墨，但贤惠勤劳、朴实善良，具有中国女性温良恭俭让的美德。

于敏在家中排行第二，上面有一个姐姐，下面有一个弟弟。父母给他取名叫"懋"，寓意机灵聪明。但于敏长大后觉得那个"懋"字太冷僻，自行改名为"敏"。

于家是一个三代共居的大家庭，一直没有分家。父亲和叔父在外工作，将每月的薪水寄回家中，祖母就带着母亲和婶婶辛勤持家，养活一大家人。后来，祖父母相继去世，婶婶就担起打理家务的重任，母亲从旁协助。抗日战争中，叔父随部队去了大后方，与家里的联系中断了，全家生活靠父亲一个人的薪金维持，家境变得困难起来。

生活艰辛，世事艰难，好在全家人仍然能够和和睦睦，孩子们都能健康成长。每当回忆童年，于敏总是深情地说："我的母亲是个善良的人，婶母勤俭又能干，我很想念她们。"

于敏的童年和少年时代，正逢中国最动荡的时期。先是军阀混战不休，后来整个华北地区又沦入日本侵略者之手，国家主权沦丧，民众苦不堪言。幼年的于敏，为了躲避子弹，曾不得不与姐姐钻到桌子底下。

于敏6岁时进入芦台县的小学读书。他自幼聪颖，也很贪玩，但功课很好，学习起来不费气力，成绩优异。

识字后，于敏就对阅读很感兴趣。上学之后，读书更是成了他最大的爱好。他尤其喜欢中国传统小说，如《三国演义》《水浒传》《西游记》《红楼梦》《杨家将》《说岳全传》等，他常常被书中的英雄所吸引，幻想自己长大了也成为一个顶天立地的大英雄。

上初中后，他的成绩一如既往地优秀，但这时的于敏，不像小男孩时期那样调皮贪玩了。

一次，老师让同学们谈谈理想，谈谈长大后要做什么。小伙伴们各抒己见，有人说要做老师搞教育，有人说要去干实业，还有人想当将军领兵打仗。问到于敏，于敏笑笑说，还没想好。

其实，他早就自我剖析过，他性格内向，不喜欢交际，喜静不喜动，动脑筋思考问题比小伙伴们灵光，手工却做得很一般。他认为，按照自己的性格特点，将来去搞研究工作倒比较合适。

1938 年，于敏随家人搬迁到天津市，与在天津市财政局工作的父亲团聚。

就在前一年的 1937 年 7 月 7 日，日本军国主义制造了震惊中外的卢沟桥事变，发动全面侵华战争。由于国民党政府消极抗战，北平（今北京）、天津相继沦陷，大片国土落入侵略者之手，无辜人民头顶悬着屠刀。

在天津读中学时期，于敏体会到了亡国奴的屈辱。他甚至惊险地与死亡擦肩而过。

那时，他刚刚学会骑自行车，一次，正骑行在一处河堤上，对面几名日本兵开着吉普车无缘无故就朝着他冲撞过来。情急之下，于敏迅速扭转自行车龙头，往堤坝向上的斜坡骑上去，这才躲过一劫。日本兵却哈哈大笑着开车扬长而去。残忍的侵略者对沦陷区人民视若草芥，于敏痛恨至极，这也愈发让他生出浓厚的忧患意识，发奋图强、救亡图存的心愿一天比一天强烈。

因为是日占区，学校强令学生学习日语，于敏每门功课都能拿第一名，唯独日语勉勉强强及格。是他缺乏语言天分吗？不！因为他根本不愿意学习侵略者的语言！

　　他越来越深刻地认识到，自己的出路只有一条：努力奋斗，认真读书，学好本领，救国救民。

　　从此，科学救国、科技强国的理想深深扎根在于敏心底。为了这一理想，他孜孜以求，奉献了一生。

文理通达兼修

高中时，于敏换了3所学校。

他先入读的是天津一中，这是当时公认的好学校，但由于是日本人管理，规定中国人见了日本人必须鞠躬。于敏实在做不到对侵略者低头，他索性大胆地自作主张，自己申请转学到一所私立中学——木斋中学。

在木斋中学，于敏很快就脱颖而出，赢得老师、同学的赞誉。他性格文静，学习自律，成绩名列前茅，是有口皆碑的好学生。高中二年级时，学校组织了一次基本知识统考，所涉及的知识点涵盖了高中3年的学习内容，而且题量非常大，很多同学都没做完，但却没难住于敏。不出所料，他又考了全校第一名。

学校里有一位女老师十分爱才，她很看重于敏，觉得木斋中学的条件有限，于敏应该去更好的学校。这位名叫刘行宜的热心老师就鼎力相助，帮于敏联系到了天津最好的私立学校——耀华中学，耀华中学也破天荒地接受一个在高三时转学的学生。

耀华中学果然不愧为名校，不但有众多名师对学生悉心指导，还有藏书颇丰的图书馆。在这里学习，于敏像鱼儿游进了大海，自由地徜徉在知识的海洋。

一上完课，于敏就去图书馆。他每门功课都学得轻松、学得好，因此有大量时间可用在广泛阅读上。

良好的读书习惯是他从小就养成的。在耀华中学的图书馆里，他眼界大开，如饥似渴地阅读，不但补充了课堂所学，还将阅读范围延伸到更为高深的领域。他不知疲倦，《诗经》《楚辞》《古文观止》等历代典籍，甚至天文地理、稗官野史，他都广泛涉猎，这为他形成深厚的人文底蕴奠定了坚实基础。

在耀华中学，虽然优秀学生众多，于敏的成绩依然很出色。每次考试，除日语外，门门功课都名列榜首。数学老师经常夸他做题"简洁明了，能一下子抓住问题的实质，方法巧妙，从不拖泥带水"。

他尊重老师，友爱同学。而且，从那时起，才华横溢的他就表现出鲜明的严谨细致、稳重自持的性格特点。他言必有物，从无虚妄不实之谈。同学们学习上有问题，也总能从他那里及时得到解答。老师和同学都非常喜欢他的真诚与好学。所以，虽然是高三才转学而来，但于敏在耀华中学也结交了一批真心要好的朋友。

于敏在耀华中学过得十分简朴。那时，于敏家离学校很远，他每天步行上学，早晚来回要走两小时，中午也没法回家，就待在教室或

图书馆里，用一杯水、一个窝头或一张饼打发午餐，困了就趴在桌子上打个盹。但只要能读书，于敏就乐在其中，不觉得苦，更不觉得累。

在耀华中学的这一年，成为于敏的成长经历中十分重要的一年。他带着对刘行宜老师的感恩，在耀华中学的老师和同学的信任与认可中，度过了紧张、丰富、愉快、充实的校园生活，打下了坚实的知识根基。

终其一生，于敏对耀华中学充满感激和怀念。

孜孜求学北大

　　临近高中毕业时，于家遭遇了一场变故：于敏父亲生了场大病，以致失业，不得已回到老家芦台镇养病。这样，家里唯一的经济来源断了，生活一时极度困难。

　　于敏原本打算考大学，各门功课都优秀的他，一心想学理科，打算今后走科学探索的道路。可是父亲因病失业这件事犹如当头棒喝，别说想学理科了，自己可能从此就要和学校告别了！

　　辍学的危机，清晰地摆在面前。残酷的现实，让他忧心忡忡。

　　班上有位同学叫陈克潜，一向钦佩于敏的好学深思。当于敏遇到困境，陈克潜就向家人谈起了此事。陈克潜的父亲陈范有是位实业家，是大型民族工业企业天津启新洋灰（水泥）公司（简称启新公司）的副经理，他听闻后也很同情于敏，

觉得这样一位有天分的年轻人不应该失学。

启新公司是中国创设最早的一家水泥厂，其创建和发展有清末官宦尤其是"北洋系"的政治经济背景。1943 年前后，启新公司为了自身发展，四处物色人才。于是，陈范有就向公司推荐于敏，为于敏申请助学金，资助的条件是必须上工科，而且毕业后要来启新公司工作。

这份及时的资助，虽然附加了条件，但是对于敏而言，如同大旱逢甘霖，帮了大忙，让他得以继续到大学求学。为此，于敏终身对陈范有、陈克潜父子感激有加，双方一直保持着亲密的来往。

1944 年夏，于敏考入北京大学工学院电机系。

当时，北京大学工学院位于现在的官园附近的端郡王府，设有机械工程系、电机系、建筑学系、土木工程系和应用化学系等。

能进入雕梁画栋的端郡王府学习，于敏心里挺高兴的。但是不久，他就大失所望——老师只注重讲授工科相关的知识，要求学生会使用即可，并不要求把来龙去脉搞清楚，更不鼓励追本溯源。学校开设的物理和数学等基础课也很简单。当于敏在课堂上向老师提问时，老师非但不愿意给出令他满意的答案，甚至不希望他刨根问底。这样的学习氛围，于敏自然感到很失落。另外，学工科的人要具备较强的动手能力，而他早就知晓自己头脑灵活而动手能力弱，因此，他觉得自己不是学工科的料，还是应该去学理科。

尽管不喜欢，但他依然保持不错的学习成绩。除了第一学年的机械制图只得了 77 分外，其他科目均在 90 分以上，特别是力学，高达99 分。

读完大学一年级，抗日战争结束，国民党政府重拾旧山河。

1946 年，为了安抚人心，国民党政府给大学生发放助学金：每人每月可得 20 千克白面粉。一些同学把面粉拿到市场上交换，能换得比 20 千克多得多的粗粮。于敏觉得这个办法不错，他心里做了个计算，如果他也去交换，那么能勉强维持生活。这个想法令他很振奋，这样就可以解决一直困扰他的经济问题了，如果不用资助，那他也不一定非得读工科。

于是，在大学二年级结束后，他谢绝了启新公司的资助，申请转学到理学院，改学自己喜欢的物理。

他如愿进入物理系，从大学二年级读起。虽然要吃窝头就咸菜了，但一想到可以钻研最热爱的物理，他就充满了干劲。

数学物理双优

北京大学理学院位于东城区的沙滩，坐落在景山东街马神庙一带。时任理学院院长、物理系主任的是我国近代物理学奠基人之一饶毓泰，教授中还有马大猷、张宗燧、胡宁、黄昆等著名学者，青年教师有朱光亚、徐叙瑢、邓稼先、黄宏嘉等。

于敏选择了自己最喜欢的理论物理专业。

理论物理是研究物质的基本组成和基本运动规律的学科，设有量子力学、电动力学、热力学与统计物理、理论力学、数学物理方法等基础课程。

这些课程，于敏都很喜欢，他尤其喜欢量子力学，这门课程学得也最好。

他上课认真，下了课就马上去图书馆，在书海中徜徉、探索，拓展必修课的内容。他阅读广博，取其精华，把书本参透。因此，他不但对老师

所授知识真正做到了融会贯通，而且知识面宽泛，基础打得极为扎实。

碰到有难度的学习内容，他的方法是反复研读，反复琢磨。一本《电磁学》不知道被他翻阅了多少遍，他不放过任何一个疑点，但凡觉得有知识点要深入探究，他就到图书馆借阅相关图书认真地学习。

"一定要做到知其然，还要知其所以然。"物理系学生会曾组织过一次学习经验交流会，于敏在会上如是说。他还介绍了他反复研读《理论力学》《电磁学》等重要基础书籍的经验。

那时，家里经济状况不好，于敏舍不得花路费经常回家，有些节假日乃至寒暑假，他都留在学校里用功读书。

理学院离景山公园很近，夏天宿舍酷热难耐，于敏就带着课本和习题爬到景山顶上，找个阴凉处乘着凉风看书。他还自得其乐地想：这不就是避暑之趣吗？

于敏深知，学好理论物理，还要具备深厚的数学功底。于是他选修了数学系张禾瑞先生的近世代数课。

张禾瑞先生在北大学生中很出名，出名是因为他对学生要求极高，教授的课也极难，数学系的一些学生都很"害怕"他。有一次近世代数考试，张先生出的题目难度很大，连数学系成绩最好的学生也只得了 60 分。让张先生高兴的是有一位同学得了满分，这唯一一个 100 分却出自物理系，是谁呢？那就是于敏。

那个时候，北大公布学生成绩时，不公布名字，只按学号公布，张贴在图书馆墙壁上的成绩榜中，总有个"1234013"的学号名列前茅，时间长了，老师和同学们都知道，那个学号就是于敏的。当时，物理系的老师称赞他是"北大多年未见到的好苗子"。

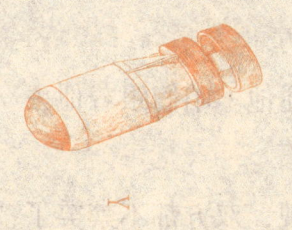

师生情谊深长

在同学中，于敏的用功与勤奋有口皆碑。

早在工学院，他就因为对知识追根究底的认真态度得到一个"老夫子"的外号。无论在什么条件下，于敏只要一捧起书，就读得津津有味。有时候，同学们成群结队出去玩耍，于敏也不大去捧场，读书学习，就是他最大的爱好。

说来奇怪，虽然不擅长运动，但是到图书馆占位子，于敏的身手就足够灵活。他往往一大早就在图书馆门口排队，一开门就赶紧挤进去。没有课的时候，他可以在图书馆待上一整天。

有一阵子，他的同学们好奇，为什么于敏的成绩总是那么优秀。他们反复讨论，最后决定："于敏干什么，我们也干什么！跟着他，看他有什么不一样，我们有样学样！"

他们跟着于敏，观察他的行踪，发现于敏的

日程安排非常紧凑高效，图书馆是他最爱去的地方。

"对了，于敏看了好多书，什么考试都难不住他。咱们跟着他去图书馆，看看他读什么书，咱们也去借来读读！"

于是，于敏身后有了一群"尾巴"。待他发现，双方都不禁笑了起来。从此，他们互学互帮，在学习生活中交往日渐亲密。

有一次，一位转系而来的同学，因为之前没有学过某门课程，在一次测验中考砸了，情绪上不免有点沮丧。于敏发现后立即去安慰他，把自己的笔记借给他参考，还给他仔细解释课程内容。有了他的帮助，这位同学很快跟上了学习进度。

心胸坦荡，乐于助人，于敏的倾力相助也自然赢得了同学们的真心钦佩和真诚友谊。

同学们还发现于敏从不在背后议论人长短，也从不对人品头论足。但这并不代表于敏没有判断力，他从未因交往不慎而有过不智之举。他的这份严谨、诚恳与厚道，令同学们心悦诚服。大家都乐于和于敏交朋友。

读书学习的同时，于敏也关心时政，参与一些进步的学生活动。爱国、进步、民主、科学是北大的传统，民主、科学之风在北大十分浓厚，于敏自然也受到熏陶。他很关注有关进步思想的宣讲，积极参加反饥饿、反迫害、反内战的学生运动。

1947年，北平发生了美国大兵对中国大学生的恶性犯罪事件，激起全社会的愤怒，北平几乎所有高校的学生都组织起来举行抗议游行，要求美军尽快撤离中国的土地。

有一次游行，于敏由于上课去晚了，他赶紧借了一辆自行车，抄小胡同追赶队伍。没料到，一进胡同，就被两个便衣大汉给堵住了。

两个大汉挺凶的，一把抓住他的自行车龙头，厉声问："哪个学校的？"

于敏想，如果说是北大的，没准就不放他走了，于是，他灵机一动说："中国大学的。"

当时的中国大学被国民党控制，听于敏这么一说，又见他戴着眼镜，一副文弱书生的样子，两个大汉果然放过了他。

他继续骑着自行车，赶上游行的队伍，和同学们一起，大声喊着口号，慷慨激昂地向前冲，连眼镜都被挤掉了。

这次游行给于敏留下的印象特别深：一是侥幸自己随机应变躲过一劫，二是心疼损失了一副眼镜。因为对于他这样的穷学生来说，再筹钱配一副新眼镜是很不容易的。

尽管如此，于敏从没后悔过自己去参加学生运动伸张正义！

1949 年夏，于敏以平均分 88.46 分、物理系第一名的成绩毕业。他还考取了张宗燧先生的研究生。

不幸的是，毕业前他生了一场大病。本来是普通的感冒，因为没有及时治疗，病情加重，拖延成副伤寒。他不得不去医院就诊，却不料被误诊了，造成肠穿孔以至于休克。时任北大教务长的郑华炽教授得知后，当即帮助于敏转院至北大医学院，并请院长胡传揆教授组织力量全力抢救，给予最好的护理。

这次肠穿孔还并发了严重的腹膜炎，要注射青霉素。当时，青霉素十分昂贵，靠助学金上学的于敏自然负担不起这笔医疗费。为了救治于敏，师生们在校园里为他募捐。物理系的同学们还排班在医院轮

流陪护照顾。

一度，于敏病情危急，需要输血，有二三十位同学闻讯后赶到医院排队验血型，最后，赵凯华、孙亲仁两位同学为于敏献了血。

休养了 3 个月后，于敏终于转危为安，恢复健康。

他打心眼里感激北大，感激危难之中伸手相助的老师和同学，多次回忆该段经历时，他都深情地说："北大给了我第二次生命。"

在于敏的成长历程中，他得到了很多热心人的帮助，老师刘行宜帮他转学到耀华中学使他能接受更好的教育，陈范有、陈克潜父子为他申请资助让他得以读大学，还有北大的老师同学在他生病时期对他的无私关爱……他对此充满感恩之情，他不仅仅是对恩人、朋友报以长久的感激与亲近，更是把小爱推及大爱，将对师友的报恩之心升华为对民族、对国家的忠诚与奉献。

于敏在病床上听到广播里直播开国大典。毛泽东主席庄严宣布：中华人民共和国中央人民政府成立了！

中华人民共和国成立了，中国人民获得新生了。他想，自己科学救国、科技强国的梦想更容易实现了。

出院不久，于敏就申请加入了中国新民主主义青年团（中国共产主义青年团的前身）。

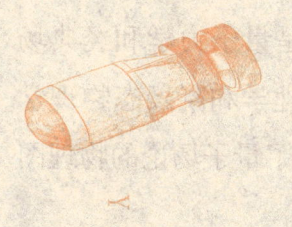

在近代物理所

　　病愈出院的于敏赶紧回学校找老师，躺在病床上的 3 个月可把他急坏了，他一心惦记着开始新的学习。

　　他的研究生导师张宗燧是第一位在英国剑桥大学开课的中国人，也是我国最早从事量子场论研究的科学家之一。张先生治学严谨，擅长在物理学中应用数学方法。他给本科生讲课时，全程使用英文，内容很有深度，不沉下心认真钻研就很难学懂。北大学生一致认为，当张宗燧的弟子是有难度的，一定要面对"两高"：一是起点高，二是要求高。

　　于敏的学习习惯和思维方法正好跟张先生的要求非常合拍。张先生对于敏也非常喜欢，曾评价说"没见过物理学得像于敏这么好的"，于敏也是他回国后带的第一位研究生。

于敏的研究方向正是量子场论。量子场论是量子力学和经典场论相结合的物理理论，已被广泛应用于粒子物理学和凝聚态物理学中。于敏对这一研究方向非常着迷，一头就扎进了量子场论的物理图像里。

不料，好事多磨，跟随张先生学习没多久，1950 年，张先生身体抱恙，指导于敏的任务就交给了刚刚回国的胡宁先生。

胡宁先生是从美国普林斯顿高等研究院回来的学者，从事介子的核力理论和广义相对论方面的研究。到北大后，胡先生教授基本粒子理论和广义相对论课程。这两门课程都比较抽象、艰涩，要学懂弄通很不容易。

胡先生的学术特点是非常重视物理图像和物理概念，他有极强的物理直觉。在讲课中，他能把清晰具体的物理图像呈现在学生面前，讲清楚主要的物理概念后，他就把具体的公式推导留给学生课后去完成，这样不仅确保学生掌握物理概念，也激发了大家的学习热情。

接手指导于敏之后，胡先生首先注意到了于敏面临的一个学术之外的难题。

当时，于家的境况越来越窘迫。于敏父亲的病情未见好转，一直无法再出门求职，另外，因为国民党政府垮台，于敏的叔父也失业被遣散回家。家中两个主要的经济来源都没有了，现实境遇迫使于敏要考虑挣钱养家的事情。他只好兼任助教。每个月虽然能赚点儿钱贴补家用，但是他最为珍视的研究时间，也被兼职分走了一大半。

胡先生当时在中国科学院近代物理研究所（原子能研究所前身）兼职，得知于敏面临的难题后，向他伸出了援助之手。

20 世纪 50 年代初，刚刚诞生的中华人民共和国面临着严峻的形势。一方面，人民政权接收的是旧中国遗留下来的烂摊子，经济和科学技术十分落后，百废待兴。另一方面，以美国为首的西方势力除了在经济和科技上对我国实行全面封锁外，还在军事上严重威胁我国的安全。发展核科学技术、建设核工业的任务，已经被提上了国家的建设日程。在这种形势下，近代物理研究所应运而生。

建所初期，近代物理研究所拥有吴有训、赵忠尧、彭桓武、钱三强、何泽慧等著名科学家，人才济济，但为了壮大科研队伍仍急需选聘大量优秀研究人员。

胡宁先生去找所长钱三强先生和副所长彭桓武先生，向他们介绍于敏的情况，商量能不能把于敏调到研究所来。看了于敏的材料后，钱、彭两位先生均对他很认可，就向主管部门提出申请，把于敏要到了近代物理研究所。

1951 年，25 岁的于敏正式成为近代物理研究所的一员，有了固定的工资。他每月把大部分工资都寄回家，自己则专心接受胡宁先生的精心指导。他用了一年的时间，完成了论文《核子非正常磁矩》。

通过这一时期的学习，于敏很快就从胡宁先生那里学会了抓取物理本质和物理图像的本领，他本身又具备较好的数学功底，二者的紧密结合为他后来研究和处理复杂理论和工程问题打下了扎实的基础。

彭桓武先生对于敏这位年轻学子很是欣赏，认为他基础不错，便安排他去做原子核理论研究。

在近代物理研究所，有一个由彭桓武领导的原子核理论研究组。中华人民共和国成立初期，国家进行了科学规划，把原子核物理学列

为重点发展学科。当时，这门学科的研究在我国基本属于空白，只有少数学者开展理论研究，对国际上的研究进展也知之甚少。原子核理论研究组承担起了中国核科学技术研究排头兵的角色。

彭先生的安排，让于敏一愣，这就要转换研究方向了吗？不过，他只犹豫了一小会儿，考虑到百废待兴的祖国建设，马上就服从了所里的安排。

这是他的第一次转行。

当时，原子核理论研究组共有 8 人，除彭桓武外，还有胡宁、于敏、朱洪元、邓稼先、黄祖洽、金星南和殷鹏程。8 人中有 6 人后来当选为中国科学院学部委员。

于敏在这些组员里年龄最小，资历也最浅。

为了尽快打开局面，于敏一头扎到了文献堆里，广泛地调研、了解、分析国际上原子核理论的研究进展。此外，他还开展深度学习，把相关的理论基础打得更为扎实。

对于敏的钻研精神和学习能力，彭桓武赞赏有加。彭先生高兴地说："我安排的调研任务，于敏是完成得最好的！"

一段时间后，彭先生就把某项研究任务交给了于敏和另一位合作者。

另一位合作者是谁呢？是核物理学家邓稼先。1950 年，刚刚获得美国普渡大学博士学位后第 9 天，邓稼先就匆匆回国，投身祖国建设。

邓稼先和于敏都是我国核武器事业的杰出代表。两人建立了长期的战友般的合作。

　　于敏在近代物理所工作了 10 多年。其间，他有将近 10 年的时间一心一意从事原子核理论研究，填补了国内在这一方面的空白，带领研究小组做出了具有国际一流水平的成绩。

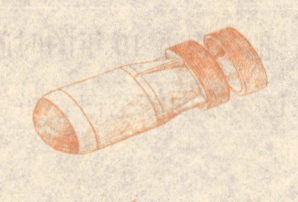

出类拔萃的人

1953 年后，原子核理论研究组的研究人员发生了比较大的变化，包括邓稼先在内的很多人被安排从事其他工作，因此，于敏承担的工作任务加重了。

那个时候，于敏成天都在想如何尽快地将研究工作有效地开展起来。尽管当时信息交流不够畅通，但他每个星期都要到图书馆翻阅有关杂志，精读相关文献，了解理论研究和实验研究的进展。

他特别选择了一篇国外的经典文献精读。这篇由梅尔（M. G. Mayer）和江森（J. H. D. Jensen）合著的关于壳模型的论文让他很受启发，他从中感悟到，从事物理理论研究，一定要非常重视物理实验，了解相关实验的内容，注意和分析相关的物理现象，去伪存真后总结有关物理规律，只有这样，才能做到有所发现，有所创新。

他后来回忆说："那篇文献对我的影响很大。注意和分析物理现象、总结规律成为我从事理论研究的基本方法。"

这一感悟后来几乎成了于敏从事理论研究的信条，一直贯穿于他的研究生涯。他的同事发现他对相关的物理实验总是了然于胸，无不感到十分惊讶和佩服。著名实验核物理学家王淦昌就说："我所接触的我国理论物理学家中，最重视物理实验的人是于敏。"

其间，于敏对壳模型的力学基础做了一个论证，同时准备用该基础理论做一些物理实验的工作。

1955 年，由于在原子核理论研究方面的出色表现，于敏被授予"全国青年社会主义建设积极分子"荣誉称号。

这是一份隆重的荣誉，全国被表彰的共有 1527 人，而学校、科研机构、新闻出版、文化教育、卫生、文艺、体育界的只有 211 人。于敏能够入选，说明了大家对他的一致认可。

1956 年，30 岁的于敏担负起了原子核理论研究组副组长的重任。

随后几年，于敏在《物理学报》等专业杂志上连续发表重要文章，阐述自己的最新研究成果，引起原子核理论研究界的广泛关注。

年轻的核物理学家崭露头角。

20 世纪 50 年代中后期，发展核工业成为国家非常关心的一件事情。中华人民共和国成立前，全国原子核物理领域的高级人才仅有 10 人左右。发展核工业，最要紧的一步就是培养科学技术人才。

1959 年暑假，于敏所在的近代物理研究所原子核理论研究组与北京大学物理系核理论组在成都举办了一期原子核理论培训班，由于敏和北京大学的杨立铭教授担任主讲。后来有出版社将他们的讲稿编

成书，取名为《原子核理论讲义》正式出版，作者署名为夏蓉（成都别称"蓉城"，"夏蓉"即夏天在蓉城之意）。该书是我国第一部原子核理论专著，也是之后20多年里唯一一部出版的原子核理论教材，成为好几代年轻学子学习原子核理论的必读基础书籍。

于敏的杰出才华逐渐被更多的人认识。

于敏在研究中，善于抓住物理本质，他在听报告或进行学术讨论时，很少记笔记，而是习惯于边听边思考，即使偶尔记点什么，也只是提纲挈领。但是，他对数学公式和有关数据记得非常清楚，关键数据他都能脱口而出，绝不会记错。在分析物理问题时，他总是从物理量纲分析入手，估计数量级的大小，很快就抓住物理本质。复杂的数学表达式经他一指点就变成了一幅幅生动的图像，他总能栩栩如生地描绘出物理过程。

有一次，一位来访的法国核物理学家向中国学者做有关康普顿散射的报告。于敏和同事何祚庥都在场。中途，于敏小声地对坐在旁边的何祚庥说出实验结果。后来，报告人给出的结论果然如于敏所估计的。何祚庥非常惊讶，因为这种粗估方法，就是通过复杂现象背后的简洁物理本质来判断物理现象发展的结果，于敏能纯熟运用这种方法，说明了于敏的物理功力是极为深厚的。何祚庥由此对于敏肃然起敬，大赞："于敏是国际一流的科学家！"

1955年，以朝永振一朗[1]为团长的日本原子核物理和场论方面的学者代表团到中国访问，在访问近代物理研究所时，钱三强和彭桓武

---

[1] 日本理论物理学家，1965年获诺贝尔物理学奖。

指定于敏参加座谈。于敏向日本代表团介绍了自己的工作和所里年轻科研人员的成长。他的才华和研究成果给日本科学家留下了深刻的印象，他们回日本后在报纸上发表文章，称于敏为中国的"国产土专家一号"。

的确，于敏是我国自己培养出来的专家，和同时期其他科学大家相比，像他这样没有留学经历却能脱颖而出、做出国际一流工作的人才并不多，"国产土专家一号"这个称号，未尝不是对于敏个人才华的赞美与肯定。

但于敏对这个称号不以为然，他后来不止一次说过："'土专家'不足为法，科学需要开放，应该学习西方先进的科学技术，只有在大的学术气氛中，互相启发，才有利于人才的成长。"

他曾经有出国做访问学者的机会，但是由于各种各样的原因，他都主动放弃了。

1962 年，丹麦著名物理学家玻尔（A. Bohr）[②] 来北京访问，于敏参与接待，他时常提出一些学术问题与玻尔进行讨论。玻尔很欣赏他，邀请他到丹麦首都哥本哈根去工作。但当时于敏的工作已经转向氢弹理论研究，就婉言谢绝了。事后，玻尔说："于敏是一个出类拔萃的人。"

1963 年，在玻尔等人提出原子核内具有能隙现象之后，于敏与学生张宗烨、余友文等人开始了这方面的研究。由于抓住了事物的本质，在不到两年的时间内，他们就提出了原子核的相干结构理论，在

---

② 丹麦物理学家，1975 年获诺贝尔物理学奖。

认识原子核微观机制中起到了重要作用。在于敏的指导下，研究小组在 1964 年做了一个相干结构，并相继发表一系列当时处于世界前列的研究成果。

这一时期，也是于敏在核物理基础研究领域出成果最多的时期。他埋头于理论研究工作，先后有 20 多篇论文问世。他和合作者提出的原子核结构的相关思想，与在核理论方面颇有威望的日本学者有马朗人的学术思想非常相似，而且二者对比，于敏他们提出的模型，无论是物理图像，还是数学表达形式，都毫不逊色。

短短几年时间，原子核理论研究组的工作就走到了国际前沿。

而且，更重要的发现就在前方不远处，隐隐约约闪着光，等待着他们的到来。

对于敏在近代物理所的工作，钱三强高度评价道："于敏的工作填补了我国原子核理论的空白。"彭桓武则赞赏说："原子核理论是于敏自己在国内搞的，他是开创性的，是出类拔萃的人，是国际一流的科学家。"

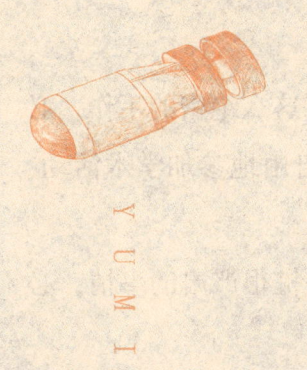

转入国家任务

1961 年 1 月的一天，一个刚刚下完雪的清冽早晨，钱三强先生把于敏约到自己办公室。

于敏一进门就发现钱先生的表情非常严肃。他刚刚坐下，钱先生就直截了当地说："现在，我国的核武器研究很需要人，你的工作做得不错，国家希望你参加氢弹理论的预先研究！"

这是于敏始料不及的事情。

他清醒地意识到：氢弹理论研究，是国家绝密级任务，一旦转向氢弹，自己就要放弃正在从事的、已经看到重大突破曙光的原子核理论研究了。

这意味着再一次转行。

与第一次转行不同，原子核理论还是属于基础研究，但是再转向氢弹研究，那就大不一样了，那是武器物理工程了，除了理论还有大量的应用

问题，不再属于纯基础研究。

而且，做武器研究，也意味着牺牲——从事这么绝密的工作，必然要隐姓埋名，从此不能公开发表论文，不能自由地参加学术活动，在旁人眼里，无异于在学术界销声匿迹了。

对一位前途无量的青年科学家来说，这是一桩很严肃的事情，必须慎重地对待。

不知不觉地，青少年时期经历过的那些忧患与屈辱浮上心头，往事刻骨铭心，历历在目。于敏不禁握紧了拳头，胸膛中好像燃起一丛火焰，浑身的血液都热了，国家安全利益在他心头压过了个人兴趣，他觉得自己不能再有另一种选择。

他郑重地对钱三强先生说："国家兴亡，匹夫有责。中华民族不欺辱旁人，也不受旁人欺辱！为了国家利益，我个人的一切都可以舍弃掉！"

就这样，于敏欣然接受了时代赋予的光荣使命。

当时，他还想着：科技工作者，当然应该为国奉献。等氢弹造好了，等国家的国防实力壮大了，我再回来继续搞我的基础研究吧。

然而，令他没有预料到的是，与钱三强先生的这次谈话，彻底改变了他以后的人生道路。他从此把自己的全部精力和智慧都奉献给了国防尖端科技事业，直至生命最后一刻。

在 70 岁时，他回忆当年自己的选择，深情地说："一个人的名字，早晚是要消失的，能把自己微薄的力量融入祖国的强盛之中，就足以自慰了。"

按照钱三强先生的安排，于敏作为副组长参加到轻核反应装置理论探索组（以下简称轻核理论组），参加氢弹理论的预先研究工作。那时，近代物理所已经改名为原子能研究所。轻核理论组的组长是著名物理学家黄祖洽，组员有蔡少辉、萨本豪、刘宪辉等人。不久后，擅长粒子物理研究的何祚麻也加入进来。

于敏面对着一个全新且艰巨的课题。当时，氢弹是各核大国都严格保守的秘密，要想探索氢弹，等同于从一张白纸开始。

于敏以一贯做科学研究的态度，先从调研开始。

一接触氢弹，他就感觉触碰到一堵巨大的拦路城墙：所有的电子核都带正电荷，彼此排斥，靠得越近，斥力越大，轻核在通常情况下很难发生聚合反应啊！

面对似乎不可逾越的障碍，于敏心气十足。他暗下决心，脚踏实地，从最基础的研究开始做起。

随后一段时期，从全国各个大学和科研院所陆陆续续分配来许多科研人员，轻核理论组一下扩充至近40人，再按学科划分成多个小组，黄祖洽、于敏两位组长及何祚麻分别指导各个小组。

于敏和何祚麻同在一个办公室，这间办公室总是特别热闹。他俩每天一碰面就讨论问题。何祚麻的点子多，经常提出问题。于敏的物理图像特别清晰，善于快刀斩乱麻，可以很快理出头绪，把握住问题的物理实质。

于敏和何祚麻性格大不一样，何祚麻性急爽快；于敏温和文雅，不轻易发言，一旦发言必言之有物。他俩的共同点是极富追求科学真理的精神，讨论起来谁都不轻易让步，有时竟会争得面红耳赤。

如果黄祖洽也在，办公室更加热闹，三人对峙的局面也不少见。

他们三位都是杰出的科学家，都尊重科学，相互争论、相互启发、共同进步，谁对就听谁的。好多新思想就是从这种热烈的讨论和争执中产生，不少问题也是在这种氛围中得到了解决。

在组长的领导下，全体组员分工明确，每个人都有做不完的工作。大家干劲十足，再苦再累也要为氢弹事业贡献自己微薄的力量。

值得一提的是，当时没有电子计算机，连手摇电动计算机也只有几台，轻核理论组用得最多的计算工具是计算尺。

1961 年底，何祚麻等调到核武器研究单位参加突破原子弹的工作。黄祖洽也调过去兼职参与原子弹攻关，每周只有一半的时间在原子能研究所。轻核理论组的工作任务就基本落在了于敏的肩上。

他带领组员探讨了多种物理过程的现象、规律和机制，牵引相关的应用基础研究，同时还给出了一些必要的核基础数据，建立了相应的模型和计算参数，编制了相应的简化计算程序。

在研究过程中，于敏的"物理的直观"是极其明晰的。面对一些复杂纷乱的现象，他总能理出头绪，从复杂的计算中找出其中的物理原因，使认识有所提高。

于敏不断地发掘问题、提出问题、分析问题、解决问题。遇到许多问题时，他就把其中的物理因素一一加以解剖，并估计它们的大小和影响。许多物理难题，就这样被剖析、理解，很快得到解决。他把这一套提出问题、解决问题的方法叫作"物理学的分析方法"。

这一阶段的工作为后来突破氢弹研制奠定了重要的理论基础。

开展多路探索

　　1964 年 10 月 16 日，我国第一颗原子弹爆炸成功。按照毛泽东主席"原子弹有了，氢弹也要快"的指示精神，中央决定把轻核理论组调入核武器研究单位，那里也有一支氢弹研究小组。上级部门要将两支队伍合二为一，把力量合并起来，尽快突破氢弹。

　　1965 年 1 月，于敏率原子能研究所轻核理论组大部分组员调入中华人民共和国第二机械工业部第九研究设计院（以下简称九院）理论部，理论部承担的就是核武器理论研究工作。

　　到理论部以后，于敏被任命为副主任。

　　当时，理论部主任是于敏的老朋友邓稼先，副主任还有物理学家周光召与黄祖洽、数学家周毓麟、秦元勋、江泽培、何桂莲等，加上于敏，共计八位，都是学养深厚的大专家，史称"八大

主任"。

著名物理学家彭桓武先生也在这里，彭先生担任九院副院长，是核武器理论研究工作的领头人。

"八大主任"中，大部分都有在国外留学或进修的经历，唯有于敏是我国自己培养的专家。

理论部有一个很好的传统，那就是领导和蔼可亲、没有架子、不称呼官职。彼此关系十分融洽。

职工见了"八大主任"都亲切地喊"老邓""老于""老黄""老周"等，唯独对彭桓武先生，大家敬爱有加，称之为"彭公"。

人才济济一堂，上下同心和谐，但是摆在他们面前的，是前所未有的难题。

前文提到，氢弹和原子弹不一样，原子弹是裂变反应，氢弹是聚变反应。无论是在理论上、实现途径还是在制造技术上，氢弹都远比原子弹复杂。

到了理论部后，于敏更加深刻地意识到，武器研制涉及的是一个庞大繁杂的学科体系，相关学科有理论物理、原子物理、核物理、中子物理、辐射输运、辐射流体力学、等离子体物理、凝聚态物理、爆轰物理、应用数学和计算数学等，而且既有极端工程问题，又有尖端技术问题，更有前沿科学探索的重大问题。突破氢弹原理、掌握氢弹设计和制造技术不仅是军事强国国防实力的象征，更是世界大国科技实力的象征，难怪各核大国都把氢弹技术列为最高机密。

各核大国都严密封锁氢弹技术，我国科学家开始氢弹研究时，没有任何可参考的技术资料，一切都要从头摸索，是真正的白手起家。

早期，理论部科研人员开展调研，每星期都去外交部等机关找来几麻袋的《纽约时报》《华尔街日报》翻阅，期望查找出氢弹研制的蛛丝马迹，但是花费了几个月时间，拉回来的英文报纸堆满了一屋子，关于氢弹的信息却一无所获，唯一的收获是学会了"荒无人烟"等许多不常用的英文单词。

技术封锁，缺乏资料，难道就停滞不前吗？

不！什么都难不倒刚刚挺直脊梁的中国人民。况且，原子弹都爆炸成功了，氢弹科研队伍士气高昂，迎难而上！

但是，光有信心和决心，光靠队伍的壮大，并不能消减科研道路上的曲折和坎坷。

于敏刚到理论部就遭遇了挫折。他从原子能研究所带来了一套设计方案，理论部的同志对其寄予很大希望。当时有种乐观的看法，氢弹的奥秘，有很大可能由此揭开。

部里精选出几位科研人员，集中在一间办公室里，关上门，不眠不休，加班运算。那几天，人们走过门口，投去的目光都是灼热的。

孰料，几天后，门打开了，结果却是摇摇头和轻轻的一句"没走通"。

这让翘首以盼的于敏和其他科研人员很是失望。

怎么办？

在彭桓武先生的指导下，科研人员开展多路探索。黄祖洽、周光召和于敏各率领一批研究人员，从原理、材料、实现途径、计算方法等不同角度深入氢弹这个复杂系统的研究中去。

他们或在计算机机房日夜奋战，或在办公室加班加点。大家发扬

学术民主，提倡百家争鸣，不断提出各式各样的设想和途径，不断进行细致的讨论、计算和分析。

然而，一条条可能的途径被提出来，又一条条地被否定。"山重水复疑无路"是常态。有好长一段时间，大家就是找不到突破口，一次又一次地陷入困境。但是大家锐志不减，积极性高涨，对研究充满激情。

"攻城不怕坚，攻书莫畏难；科学有险阻，苦战能过关！"人们用叶剑英元帅的诗相互鼓励，"希望就在前方！"

科研办公楼一到夜里总是灯火通明，大家都自觉、自愿地点灯鏖战。1965 年，国民经济还很困难，尽管国家很重视核武器科技队伍，但因为国力薄弱，对科研人员的保障不如现在这么充足，比如食堂供应就极为简薄，荤腥极少，因营养不良而致人浮肿的情况时有发生。当时的室主任和党支部书记有一项重要任务，到晚上 10 时了，他们就一间间办公室地巡查，苦苦劝说科研人员："身体是革命的本钱，早点回家休息吧，明天再干！"

许多人碍于情面，只好掩上门下楼。下了楼还舍不得走，在院子里溜达，如果能躲开领导的视线，他们就会回来继续加班。

那时，研究所处于北京城北郊，周围是一片庄稼地，非常荒凉。晚上，从每个办公室窗户透出的灯光，勾勒出这栋被称为"14 号楼"的四层楼楼宇的轮廓，离得老远都能看见。因此，"14 号楼灯火辉煌"成为载入我国核武器发展史的著名场景。

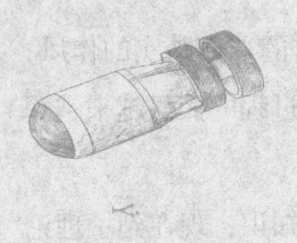

深入研究机理

每当回顾历史，一般来说，胜利总是赢得最高赞颂。

但是在核武器科技队伍看来，曙光乍现之前的那个奋斗时刻，最值得纪念。

因为在聚集了全部的艰辛、困难、疑惑的时刻，往往就是执着不悔、团结协同、勇攀高峰、共克时艰的时刻。越是有困难，越能见精神。我国核武器发展史上这样的时刻不少，这样的时刻也是热爱祖国、无私奉献、自力更生、艰苦奋斗、大力协同、勇于攀登的"两弹一星"精神诞生的时刻。

1965 年，就是这样一个值得铭记的、为中国国防尖端科技事业打下深刻烙印的光辉时期。正如 14 号楼的灯光，汇聚在一起，终会冲破黑夜，迎来黎明破晓！

虽然之前的路径没有走通，但是于敏以一贯的严谨踏实的作风，继续深思探究。他把工作越做越细，对武器物理过程的探讨越来越深入，对存在的问题也有了越来越清晰的认识。

以前在原子能研究所，没有接触过原子弹的知识，现在到了理论部，于敏发现理论部各方面的研究条件都很好，这里汇集了一群有较高专业素质的科研人员，他们当中有物理、数学、力学等各方面的专家，既有攻克原子弹的经验，又有氢弹原理探索的理论基础，业务能力精湛，政治素质高，组成了一支能打硬仗的队伍。他怀着内心那一份坚定而执着的信念，继续组织科研人员，对物态方程、中子自由程、中子–核反应参数、计算方法等方面的工作深入开展研究。

其间，理论部掀起了空前热烈的学习高潮。

既然现有知识不能解决问题，那就说明在理论研究中还存在没有认识到的东西，部领导就安排专家讲课，进一步提高科研人员的理论水平。彭桓武、邓稼先、于敏、周光召都来为科研人员做报告，这些大专家所做的高水平报告大受欢迎。于敏的讲座特别受科研人员的关注，他哪天讲课，头天晚上就有人搬椅子占座位。至今，很多人还收藏有于敏讲授《等离子体》的讲义。

部里还经常开展学术讨论会。在14号楼的三楼、四楼的大会议室，只要有学术讨论，不论大专家还是刚毕业的大学生，每个人都可以走上台去发言，也可以对别人的设想提出不同意见，从没有年龄长幼、地位高低之分。彭桓武等大科学家特别鼓励年轻人发表不同看法。刚刚参加工作的同志就某个部件的构型大胆发言，赢得专家表扬："新来的同志有想法，很好！"

　　食堂也经常成为讨论的场所。人们吃过早饭，把桌子推开，空出一块场地，再拿来一块黑板，熬了一夜的科研人员顾不上休息，把刚刚获得的最新计算结果张贴在黑板上，就开始讲述和分析。听众有坐着的，有站着的，挤不到前面的人干脆站到桌子上参加讨论。

　　每次讨论，每个人都充分地发表意见。在激烈的讨论中，各种思想猛烈地碰撞，相互激发，相互启发。

　　有一次，于敏与周光召参加一个学术讨论会。整个屋子座无虚席，走道里都是人，还有一些人不得不被挤出会议室，他们就贴在门口听。会议的气氛十分热烈，双方对问题的讨论越来越深入，不时碰撞出激烈的火花。当周光召和于敏轮番上台进行阐述与讨论时，讨论达到了高潮。

　　这些讨论虽然针锋相对，但都是学术之争。会上你来我往、互不相让，会下心平气和、感情融洽，彼此都能理解，都是奔向同一个科学目标，并不是意气之争。

　　"八大主任"带头弘扬科学民主之风，为理论部的作风建设刻下深刻烙印。

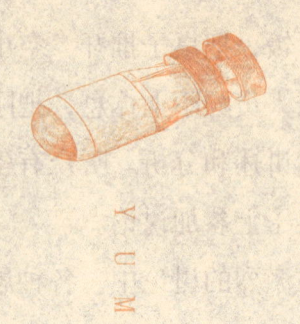

百日会战功成

1965 年 2 月至 8 月，第二机械工业部领导频频到理论部指导工作，并制订氢弹突破计划。理论部按计划猛攻氢弹原理。

1965 年 9 月 27 日，于敏率领 50 余名研究人员到上海出差，这是突破计划中的一项重要安排，他们要利用华东计算技术研究所的 J501 计算机，对加强型核装置进行优化设计。

那个年代，计算机是很珍稀的资源，每秒运算 5 万次的 J501 计算机是国内最好的计算机之一。当时，理论部大部分主力留守北京，安排这批以年轻人为主的队伍出差上海，是想充分利用国庆节假期计算机空出来的机时开展工作。

在随后的 3 个多月时间里，于敏带领科研队伍，终于牵住了氢弹的"牛鼻子"，实现了氢弹原理的突破。这就是我国核武器研究史上著名的

"百日会战"。

华东计算技术研究所坐落在上海郊区嘉定县城外，被一大片金黄色稻田包围着。到上海安顿好以后，大家即刻着手编制程序，进行紧张的数值模拟计算。

J501 计算机是电子管计算机，不像后来的计算机有强大的数据处理和图形输出功能，性能也很不稳定，经常跳动，导致计算结果出错。为了避免浪费机时，每隔一段时间，大家就把计算结果存放在计算机的磁鼓里，一旦发生机器跳动、计算意外中止的情况，就把上一次存放的计算结果取出来作为初始条件继续计算，这叫"取鼓重做"，能有效减少机时损失。

但是"取鼓重做"这个办法使得机器离不开人，机器 24 小时工作，人也需要在旁边专心致志地监视。因此，每次计算，全体物理工作者、数学工作者和科研辅助人员一起混合编组排班，夜以继日地轮番上阵，随时追踪计算进程，紧张地分析打印出的中间结果。

处理数据也是一项十分繁重的工作。每去一次计算机机房，大家就抱回一大堆印满阿拉伯数字的纸带。8 厘米宽、几十米长的纸带卷成一大卷。接着，大家就要忙着看纸带，处理数据，画图、登记、分析计算结果，讨论和准备下一步上机计算的物理模型。

于敏大部分时间都埋头于堆积如山的纸带中，聚精会神地分析计算结果，常常顾不上去食堂吃饭。大家帮他把饭打来，他就看着纸带边吃饭边思考问题。

尽管困难不少，工作辛苦，但在强烈使命感的鼓舞下，在于敏的榜样带领下，大家热情高涨，干劲十足，很快就有了一批结果。

但是，这批结果不甚理想。虽然大家用尽了办法，但威力总是上不去，这让大家很苦恼。

这一批出差人员中以年轻人居多。经历了加班加点、熬夜苦战，却未能收获满意的成果，虽然大家也知道科研道路不太可能一帆风顺，但是情绪上还是产生了一些波动。

于敏想，要给大家鼓鼓劲。

他鼓劲加油的方式，是对计算结果做一系列分析，与大家一起讨论，带领大家抓住物理本质，对全过程和各发展阶段的物理特征不断加深认识，推动工作继续前进。

他自己首先对几个典型计算结果做了深入、系统的分析。他以深厚的理论功底，深化了对武器物理规律的认识。在梳理思路以及和大家交流的过程中，他不断获得启发，多年来对氢弹原理深入探索的积累，使他敏锐地发现了问题的关键！

仿佛慢慢拨开迷雾，后面隐藏的图像一步步地呼之欲出！

1965 年 10 月 29 日，星期五。晚饭后，忙碌了一天的于敏和同事蔡少辉走出华东计算技术研究所大门，到附近散步。他们走在收割完了的田垄上，欣赏着深秋的风景，无拘无束地聊着天，不知不觉中又谈到白天发生的热烈讨论。

于敏站在田垄上把自己这几日苦苦思索的想法一一道明。最后，他说："关键是如何驾驭原子弹的能量。"

他说得简明扼要，却也列举了无可辩驳的论据。

蔡少辉仔细地听着，被于敏的崭新思路所吸引，也被于敏所列举的论据折服。他隐隐约约意识到，于敏抓住了氢弹原理的"牛鼻子"，于是激动地说："那我们马上动手干吧！"

于敏思索着慢慢地说："可以先计算两个模型看看。其中一个会比较理想，另一个则会比较接近实际……"

那天晚上，于敏、蔡少辉聊到很晚，直到阵阵秋风带来几分寒意才回去。

回到住处后，激动的蔡少辉顾不上休息，立即找来其他同事，大家连夜商量如何开展计算。按照于敏的想法，先提出两个模型用于上机计算。

11月1日晚，先计算第一个模型。

在计算机机房里，柔和的灯光下，"滴滴答答""滴答滴答"，计算机操作台上的键钮被一双灵活的手按动着。蔡少辉和同事趴在地板上查阅纸带，检查输入与输出的数据有无差错。于敏在一旁拿着计算尺和铅笔不时地书写和计算。计算机忠实地执行着主人的指令，纸带上缓缓地输出令人兴奋的数字。最后的结果正如于敏所料。成了！在场的人都振奋起来！

于敏当然也很高兴，他同大家一起商量，临时又加算了一个材料比例不同的模型。计算结果也不坏。

11月3日，又计算了另一个模型，也取得了比较完美的结果。

有了理想的计算结果，于敏心里充满着自信的喜悦，但他还要进一步总结和梳理。

很快，他完成了总结后，就给全体出差人员做"氢弹原理设想"的学术报告。

在华东计算技术研究所主楼五层东侧的大教室里，同事们安静地

坐在大黑板前。在大家殷切的注视下，于敏从容地走上讲台。

深入浅出的语言、严密的逻辑思维、无懈可击的推理和充分的论据，于敏从复杂现象中抓物理本质，逐步厘清氢弹原理背后的物理现象、机制和复杂过程。他的大胆设想，使大家由衷地信服、钦佩。大家极为兴奋，情绪激昂，认为经过多年的苦苦探索，今天终于抓住了关键因素并找到创造这些因素的技术途径了！

但是，于敏和同事们都压抑住自己的激动，出于 科学严谨的态度，他们认识到，还有工作要做，还未到可以放松庆祝的时刻。

同事们心悦诚服地接受于敏的组织领导。他们对问题进行物理分解，不断提出问题、分析问题、解决问题，不断地发现重要的物理现象和规律。到 11 月下旬，终于形成了一套从原理到构型基本完整的物理方案。

于敏又一次向大家做了学术报告。他逐一分析氢弹反应各个过程的现象、规律和物理因素，描绘出一幅氢弹反应过程的比较完整的物理图像。

做完报告后，会场上一片欢腾！

经过苦苦探索，终于柳暗花明，迎来了黎明的曙光！

大家兴奋的心情再也无法按捺。有人嚷嚷："老于请客！"

更多人附和："老于请客！老于请客！"

于敏高兴地回答："我请客！我请客！"

突破氢弹原理的消息旋即传回北京，邓稼先第二天就飞到上海。一到嘉定，他立马听取了于敏等人的汇报，并与大家一起通宵达旦地分析计算结果，详细讨论技术问题。

经过讨论，邓稼先对新原理表示肯定，他也沉浸在胜利的喜悦之中。

当时大家的工资都很低，邓稼先的工资略高，他平时乐于和同事们打成一片，大家都把他当作"财神爷"，嚷嚷着也让老邓请客。邓稼先高兴地把大手一挥："走！"他带队到附近一家饭店，美美地犒劳了大家一顿。

后来于敏回忆"百日会战"，动情地说："这是充满激情和艰辛的一段岁月，也是每一位参加这段工作的科研人员难以忘怀的岁月！"

而参加过这次会战的科研人员也永远不会忘记与于敏一起奋战的日子，忘不了于敏埋头于堆积如山的纸带专心致志的身影；忘不了他深入浅出、引人入胜的讲课；忘不了在工作之余他与大家一起漫步于乡间小道，到嘉定县城逛孔庙，一路上谈笑风生，谈《红楼梦》、聊《水浒传》、说《三国演义》、背古诗、拉家常的情景；还忘不了与于敏一起说说笑笑，吃一角钱一碗的"澄桥豆腐"和"肥羊大面"的情景。

这一年，于敏39岁。

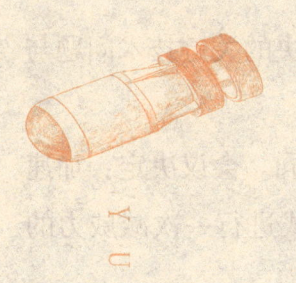

巨龙腾飞惊世

1965 年底，于敏带着一整套物理方案回到北京，向理论部的研究人员和上级领导做了多场学术报告。

邓稼先组织专家和研究人员对新的设想方案进行了反复讨论和推敲，分析技术难点，寻求解决的途径。大家补充了一些非常重要的改进意见，不但提高了原子能的利用率，而且克服了一些不利因素，使方案臻于完善。

值得一提的是，当于敏的理论方案获得大家认同后，多路探索的其他小组本着求真务实的精神，立即调整研究方向，开始组织新的攻关。

所有科研人员都在为同一个目标奋斗，真正将个人融入集体事业中。

1965 年 12 月，于敏带着氢弹原理方案来到青海核武器研制生产基地，在科研生产规划讨论

大会上介绍物理方案，以及实现该方案所必须解决的关键技术问题与结构问题。

参与会议的大部分专家对新设计方案表示认同。会议决定：加速准备试验工作，力争在1966年底用铁塔爆炸方式进行一次减威力的原理试验。

原理试验是氢弹的设计单位、生产单位、试验单位、测试单位必须要接受的一次综合检验。从原理到试验，有漫长的路要走，有众多复杂的工程技术问题要逐个克服。

相比原子弹试验装置，氢弹原理试验装置的结构要复杂得多。有些部件形状奇特，给工程设计和加工增加了不少困难。不仅是核部件系统复杂，连非核部件系统、测试系统等都十分复杂。组织管理工作十分繁重，在技术上要求更高，也更加严格。

当时，法国人也正在抓紧攻克氢弹，我们的科研人员就提出一个口号：“一定要赶在法国人前面爆炸氢弹！”

科研人员、工程技术人员争分夺秒地工作，全国各有关单位也大力协同，共同努力，朝着目标一步步前进。

1966年底，新疆，一辆辆解放牌汽车，陆陆续续翻过连绵起伏的天山山脉，行驶在坎坷不平的“搓板路”上。一趟趟专用列车，把参试人员、物资、设备从四面八方汇集于核试验基地。

于敏和周光召带领理论部的参试人员，也赶赴滴水成冰的试验现场。

虽然对自己和理论部的工作有充足信心，但临近试验，于敏难免紧张。他深知，做一次核试验，需要动用大量的人力、物力、财力，因此，工作中万万不能出现任何纰漏。

白天，他去半地下的测试工号了解试验布局，了解细节和安排；晚上，他钻进帆布帐篷，拿着计算尺协助科研人员进行理论预估和配置量程。

氢弹装置已经安置在塔上了。一天晚上，程开甲突然跑到于敏休息的帐篷来。原来，程开甲想起一件事，为了确保某个重要测试项目拿到数据，他觉得有一个地方是不是应该用屏蔽物遮挡一下。他越想越不放心，于是跑来找于敏讨论。两人商讨一番后，决定去实地探查。于是，两人在零下三四十摄氏度的严寒中，顶着凛冽的狂风，一起来到现场。

这座铁塔，原是第一颗原子弹试验的备用塔，高度达 100 多米。夜晚，戈壁滩的风呼啸得格外凄厉，猛烈地冲撞铁塔。高度的责任心使得这两位大科学家不顾塔身摇晃，他们亲自爬到塔上察看，直到确认屏蔽体布设妥当了才离开。

两位科学家对科研的一丝不苟，对国家人民的赤胆忠心，不得不让人肃然起敬！

隔了一天后，在聂荣臻元帅亲自主持下，氢弹原理试验圆满成功！

速报数据在爆炸半小时后送到。听到速报数据，于敏高兴地脱口而出："与理论预估的结果完全一样！"

1966 年 12 月 28 日晚，新华社发表《新闻公报》，宣布中国又成功地进行了一次新的核爆炸。中央人民广播电台也广播了《新闻公报》。公报中说："继导弹核武器试验成功之后，又圆满地实现了这次

新的核爆炸，从而把我国核武器的科学技术提高到一个新的水平。"公报中的这个"新"字，隐藏着外人难以体会的丰富含义，它标志着中国核武器技术迈上了一个新台阶，核武器发展步入新阶段。

随后，就是集中力量按新原理方案进行设计，进行全当量的氢弹试验。

1967年6月17日上午，空军一架轰-6甲型飞机从新疆马兰机场按时起飞。地面上，一双双戴着防护墨镜的眼睛久久地仰视着天空。8时20分，随着一声惊天动地的轰响，氢弹在预定的高度爆炸。我国第一颗氢弹爆炸成功了！

从原子弹爆炸成功到氢弹爆炸成功，美国用了7年零3个月，苏联用了6年零3个月，英国用了4年零7个月，法国用了8年零6个月，中国用了2年零8个月。中国的速度是世界上最快的。

实际上，1966年12月的氢弹原理试验也是一次成功的氢弹试验。由于有意识地限制了爆炸威力，也可以称作减当量的氢弹试验。如果以此为标志，与中国第一颗原子弹爆炸仅相隔了2年零2个月。

法国爆炸原子弹的时间比中国早了4年零8个月，其链式反应研究一度走在世界前列，但他们的氢弹试验成功比中国晚了2年零6个月。中国第一颗氢弹爆炸后，法国总统戴高乐大发雷霆，甚至要求改组法国原子能委员会。

值得一提的是，我国第一颗氢弹爆炸试验，用的是空投方式。也就是说，我国研制的第一颗氢弹，是可使用的核武器，它成功地实现了体积较小、质量较轻、聚变比较高的预期目标，表明我国战略核威慑能力实现了一次重大跨越。

这一令人骄傲的成就，在世界上引起了巨大反响，国际上公认中国的核武器研制技术已经进入了世界先进行列。

1967年6月17日，这个日子成为中华民族伟大复兴的又一个里程碑。

于敏，为中华民族亲手揭开氢弹奥秘之人，他立下了不朽的功勋！

朱光亚是这么评价的：

"于敏组织领导的小组率先发现了实现氢弹自持热核燃烧的关键，找到了突破氢弹的技术途径，形成了从原理、材料到构型的完整方案。我国核武器研制历程，从第一颗原子弹爆炸成功到氢弹原理爆炸试验成功仅用了2年零2个月，速度远超其他国家。于敏在其中发挥了关键作用。"

面对接踵而至的赞扬，于敏却总是谦虚地说："核武器的研制，是集科学、工程、技术于一体的科学系统工程，需要多学科、多方面的力量，才能取得现在的成绩。这是一个你中有我、我中有你的事业，必须精诚团结，密切合作，我只是在其中起到了一定的作用。"

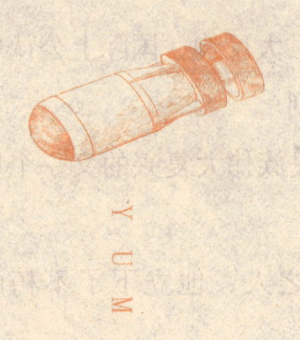

勇担时代重任

　　早在我国成功爆炸第一颗原子弹的时候，我国政府就庄严宣告：我们在任何时候、任何情况下，都不会首先使用核武器。

　　中华民族自古热爱和平。经历了近代一百多年屈辱史的中华民族，赴汤蹈火，前仆后继，浴血奋战，终于成立了中华人民共和国。中国研制核武器，就是为了保家卫国，为了彻底粉碎某些核大国利用核武器遏制中国的企图。有了核武器，就有了一种看不见的巨大力量，中国从此不可再被欺辱了。

　　第二次世界大战以后，全世界没有再发生大规模战争，但是局部地区冲突不断。一些西方国家，挥舞"核大棒"，到处施加恐吓和威胁。在一些关键地区，面对一些无辜的弱小国家，只要是有利可图，这些大国就会毫不犹豫点燃战火。正如一位美国学者所说：第二次世界大战后的 70 年里没有再发生席卷世界的大战，这仅仅是一种假象，是核武器营造的一种岌岌可危的平衡。

中国是有责任心的大国，对外践行和平友好的宗旨，倡导共同发展。中国成功爆炸原子弹和氢弹之后，改变了当时的国际格局。

第一次有西方国家之外的国家爆炸了核装置，亚洲、非洲、拉丁美洲等第三世界的媒体纷纷给予正面评价，有的报纸文章题目直接就是《中国之光，亚洲之光》。

美国一位黑人民权领袖甚至说："这是 20 世纪黑色人种最大的一件事，中国核爆，帮助了美国黑人事业。"

印尼一位政治家说得十分透彻："中国掌握的核弹为进步人类所共有。"

中国政府的核武器，就是为了保护和平，为了保护我们来之不易的发展环境。有了原子弹，再有了氢弹，就有力地保障了我们的国民经济发展、科学技术发展、社会文化发展，极大地提升了中国的国际地位。毛泽东主席一语道破天机："原子弹就是那么大的东西，没有那个东西，人家就说你不算数。"

邓小平同志也深刻地指出："如果 60 年代以来中国没有原子弹、氢弹，没有发射卫星，中国就不能叫有重要影响的大国，就没有现在这样的国际地位。这些东西反映一个民族的能力，也是一个民族、一个国家兴旺发达的标志。"

原子弹、氢弹爆炸成功后，武器化是紧随而来的重要工作。要尽早装备部队，才能形成核打击能力。所以，原子弹、氢弹的原理突破

之后，还面临着繁重而紧张的任务，一项项亟待解决的难题排满了日程表。

况且，第一代核武器解决了"有无"问题，但在武器性能上还需要不断提高。

而这时，我国核武器科技队伍本身面临着严峻的考验。

1969 年，中央从国家战略安全的角度考虑，大力建设三线地区。1969 年底九院整体搬迁至四川省梓潼县的深山里，一直在北京的理论部（已改称九院九所）也被搬迁，全所职工和家属都失去了北京户口。

不料到了深山里却没法开展工作——九所从事的理论研究需要大型计算机，但是山沟里连安放计算机的条件都不具备。科研人员无奈，只能返回北京，以出差的方式利用北京的计算机资源坚持工作。

但没有了建制，原来所里的图书馆、许多办公室甚至一部分职工住房都被挪用挤占，科研工作十分不便。职工生活则遇到更多困难，在一切都凭票证供应的年代，没有北京户口意味着也没有米面粮油、副食品、日用品的供应，光有钞票却连半块豆腐都买不到。更揪心的是，职工子女上学和就业也都无法在北京解决。

那时，连到医院看病挂号都要户口本。于敏就有一次令人啼笑皆非的遭遇。

一次，孩子生了病，于敏按照别人的指点，借了个户口本匆匆忙忙就跑去医院挂号。挂号窗口的护士拿着户口本问："你孩子叫什么名字？"

这下可把于敏问倒了，他支支吾吾半天答不上来。好在护士也知道，附近有一家神秘的单位，一帮搞研究的人在负重前行，所以循例"批评教育"了几句后，还是给挂上了号。

研究所的情况如此艰难，人心开始浮动，其他单位求贤若渴，纷纷开出优厚条件招揽这一批实现了"两弹"突破的人才。

另外，在搬迁的纷乱中，一些科研带头人遭受特殊年代政治上的压力，不得不调离。

还有一种观点也在队伍中蔓延，即"两弹"突破标志着武器物理的基本问题都已得到解决，剩下的只是技术上的进步了，哪还需要那么多科研骨干。

种种情形对人才队伍稳定极为不利。

主管核武器理论研究的彭桓武先生，1972 年被调到中国科学院。

1975 年前后，秦元勋被调到中国科学院数学研究所，江泽培回到北京大学数学系，黄祖洽也被调到北京师范大学。

1975 年，邓稼先到九院担任副院长。

1978 年，周光召被"借调"到第二机械工业部第九局，1980 年后到中国科学院任职。

随着他们的离开，"八大主任"中，物理学家只剩下了于敏，数学家只剩下了周毓麟和何桂莲。

同时还有大批的科研人员被调走。

周毓麟痛心地说："被调走的人员，完全可以组建一个新的研究所了！"

其实，也有若干单位向于敏发出邀请，开出的条件极为优厚。

钱三强先生就曾多次暗示，于敏是中国科学院的人。钱先生还数

次征求于敏的意见，问他是否愿意回中科院继续开展基础研究。

原创性基础研究可谓于敏心中的挚爱了。他曾有过设想，攻克氢弹后就回到基础研究领域。而且，离开九所到新单位任职，工资收入、住房条件、家属子女的户口等一系列问题都会迎刃而解，甚至还能有显著的改善。但是，国家的安全利益、国家对战略武器的迫切需求，让他迈不开腿！

他冷静下来思考："一些老同志已经相继调走了，我如果再走，会给工作造成不利的影响。人心浮动，但我的思想不能波动。"

他坚定了信念："作为一个大国，中国不能没有自己的核力量！我们应该担负起时代责任！"

最终，于敏留了下来。

时任核工业部部长蒋心雄回忆起那段岁月，动情地称赞于敏识大体、顾大局，是"受命于危急存亡之秋"。

蒋心雄部长说："相当一部分学术带头人和科研骨干非常难过地相继离开了，在这种情况下，于敏以大局为重，留了下来。这不仅给这个似乎要散架的集体起了凝聚的作用，而且也使它在学术上有了主心骨。于敏同志担负起理论设计学术领导的主要责任，是'受命于危急存亡之秋'，他'寝不安席、食不甘味'，精诚团结，发挥全体同志的才干，在此后的几年，科研上又连续取得新的突破性的成就，有了质的飞跃。"

无愧中国脊梁

从新一代国防尖端武器预研开始，于敏就成为物理设计的主要业务领导和技术负责人。

作为一名大科学工程的领导者，从参加这项工作之日起，他就全力以赴，全身心投入。他肃然说："不敢稍有疏忽啊！"

在于敏几十年核武器研制生涯之中，他真正感到心力交瘁，是从20世纪70年代后期负责理论研究工作开始的。自那之后，他承受的巨大压力难以名状。过去氢弹原理突破时承受的工作压力，远远无法与之相比。

他更加深入缜密地思考，更加周密稳妥地制订计划，更加紧密地团结和依靠科技人员。在工作中，他继续坚持独立自主、自力更生的方针，坚持实事求是、理论联系实际。

他还以广阔的视野与胸怀，在很多关键事件

上做出重要决定。这些决定，以国家安全利益为至高目标，以对国家对人民负责的态度，从科学研究的角度出发，面向未来，谋划布局。

作为理论研究工作的主要负责人，于敏扎实地完成了"定攻关方向""做关键决策""提技术途径"和"把关物理设计"等至关重要的任务。

他说："带领大家谨慎地确定技术途径和把关是我的任务。"

大家公认他物理学养深厚，理论联系实际的经验极为丰富，科研人员对他的判断和决策充满认可甚至依赖。而他的确也有非同寻常的本领。

比如分析计算数据。在武器设计中，热试验威力的当量估计一直是一个难题，从不同的角度去分析，有可能得出不同的结论，对此科研人员往往会争执不下。每当发生争论，邓稼先就会说："我信老于的。"而于敏的估计又总能与试验结果基本一致。

在一些关键问题上，他总能及时地分解和制订解决问题的方案；对一些瓶颈式难题，他强调不能绕着走，高屋建瓴地给予指导，并且组织大家一起开展研究。这些都体现了于敏组织集体攻关的能力。在面对某些极为复杂的物理现象时，于敏也能从不同角度提出多个综合研究项目，从中找出该现象的内在规律和形成机制。

他以深谋远虑与超凡视野领导和组织科研人员不断总结经验、开拓创新，实现一次又一次重大突破，把我国核武器事业推向新的发展阶段，奠定了持续发展的坚实基础，为国防安全做出了突出贡献。

在多年的科技征程中，中国的核武器科技队伍走出了一条有自身特色的发展道路。这条道路就是"一次试验、多方收效"。

中国核武器研制战略与一些核大国截然不同：他们是为了称霸，而我们是为了防御；他们搞了很多系列，我们仅有几个系列；他们财大气粗，可以多次试验，而我们试验次数有限，每一次试验不但要确保成功，还要做到一步一个脚印，几次试验就要上一个技术台阶。

中国核试验成功率很高。在制订规划时，就计划用最少的次数达到明确的阶段目标。对阶段目标还要进行细致的技术分解，落实到各次试验中去解决，通过几次试验，就要实现对物理规律的认识有较大的提升。

理论与实践（试验）的紧密结合是中国突破"两弹"的又一重要特色。理论工作者和实践工作者不断交流，不断切磋，共同确定项目方案，共同分析试验结果。理论设计与试验紧密结合起来，逐步深入掌握核武器的内在规律，提升了中国核试验的成功率，推动了我国核武器技术的迅速发展。

到 1996 年联合国签订《全面禁止核试验条约》之时，据统计，全世界的核试验，共进行了 2367 次，其中，美国和俄罗斯两国就占了近 90%，而中国的核试验次数仅为 45 次。中国使用的经费更是比美俄少得多，却能把核武器水平提升到世界一流，中国核武器发展的效费比是世界上最高的。

这些辉煌的成绩背后，是难以言说的压力。

核武器物理是难点集中的多个现代学科形成的交叉学科，又是一个与工程技术、科学试验联系紧密的庞大工程物理应用体系。于敏要在他领导的每一项物理设计方案上签字。每一次核试验，都要耗费巨大的人力物力。试验成功了，千军万马都欢呼雀跃，但谁又知道

每次成功背后有多少不为人知的艰辛？有多少难以承受的压力？

党和人民的期望与信任有多重，于敏肩上的担子就有多重。

每一次方案提交前，于敏总是睡不好。他反复检视方案，生怕有疏漏和不妥。他反复告诫理论设计和工程设计部门："严肃认真、周到细致、稳妥可靠、万无一失！"这 16 个字也是周恩来总理的指示，是大家遵守的工作纪律。他要确保技术方案的研究设计一丝不苟地进行，确保每一次试验都要达到预期目的。

人们看到的于敏，深思熟虑、气定神闲，面对每一份方案，慎重地签下自己的名字，再郑重地提交。

深厚的学养、广博的视野、阔大的格局、赤诚的爱国心，造就了于敏指挥若定、山峙渊渟的气度，长期合作者无不由衷钦佩。

唐西生院士曾说："多年的工作让我们体会到，老于是我们的主心骨，只要老于在，我们就没有克服不了的困难，只要老于把关，我们就无往而不胜。"

胡仁宇院士则说："老于知识渊博、专业知识造诣精深、理论与数学根底扎实，又能理论联系实际、不断开拓创新、善于在工作中与他人合作并能把握全局。他自然而然地成为领军人物，成为大家公认的不可替代的科研帅才。"

在于敏的领导下，经过一次次高水平科研攻关的历练，核武器物理也逐渐成长、壮大为一个新兴的学科，荟萃了多学科人才，造就了一支在我国科技界独树一帜的科研队伍。

他带领这支核武器科技队伍，先后实现了一系列里程碑式的突破，不断增强我国的核威慑能力，有力地保障了国家安全，助力了经济腾飞，保障了我国的社会发展、科技发展和文化发展。

改革开放后，我国享有难得的 40 多年和平发展环境，社会稳定，国力大增，迅速成长为世界第二大经济体，国防科技工业发挥了国家基石的重要作用。于敏等人干着惊天动地事、做隐姓埋名人，他们无愧为中国的脊梁！

科学严谨求实

    为了推动我国国防科技事业的发展，于敏不遗余力地贡献着自己的智慧，牺牲了自己的健康。

    他年轻时胃不好，需要充分休养，但是常年繁重的工作与沉重的压力，把他的胃病拖得越发严重了，年近花甲时，他更是经常犯胃痛，但他全然不顾，依然夜以继日地工作。

    有一次在上海出差，连续多日泡在计算机机房的于敏终于在大家的劝说下，正常下班回宿舍休息。但恰是在这一个夜里，计算出现了不正常现象，值班的科研人员分析后不能做出准确的判断。一般遇到这样的情形，"叫老于"是大家一致的选择。但是，老于前几天累坏了，一向失眠的他好不容易有个沉稳的睡眠，大家怎么忍心去叫醒他呢？

    犹豫了很长时间，科研人员经多方考虑，还

是不得已去了于敏宿舍。只轻轻一声响，于敏就醒了，简单听了几句情况汇报后，就毫不迟疑地起床，披上衣服直奔机房。

又是挑灯夜战。等找到原因并彻底解决不正常现象后，已近破晓时分，于敏这才带着一身疲倦离开机房。

铸造大国重器，领导者和组织者担负着沉甸甸的责任。一次试验，要耗费大量的人力、财力、物力，在国民经济远不如现在强大的年代，面对全国人民的信任与期望，面对千军万马流汗流血的付出，领导者肩头像是扛着一座无形的大山。

20世纪七八十年代，试验场地的生活和工作条件很差，大家要自备铺盖住帐篷和地窖。在艰苦的环境里，于敏毫无怨言地与大家同吃同住，带着大家一丝不苟地做好试验前的预分析等工作。

他经常语重心长地对大家说："一定要把我们的工作做好，我们工作的好与坏，与国家的安危紧密相关。只要有一个数据出差错，就可能给国家造成不可弥补的损失，因此我们的工作要做细致、做扎实、做牢靠。"

他这样说也这样做。白天，他带着理论工作人员与测试人员交流讨论。晚上，围坐在帐篷里由铺盖搭成的"办公桌"前，一起看纸带，一起用计算尺做粗估计算，持续到半夜是常有的事。

零时前，他更是一遍遍在脑海里"过电影"，不放过任何一处可疑的蛛丝马迹。他曾形容自己每每在试验前总是"提心吊胆，如履薄冰"。

爆炸那一刻是最紧张的。倒计时的口令结束，四周一片寂静，几秒钟后，才听到声音感到地震，这几秒钟对他们来说，特别漫长，仿

佛时间停顿，连心脏都忘记跳动。

"响了"以后，本来坐在会议室的人都迫不及待地跑出去，再稳重的于敏也坐不住了，跑到路口等候测试人员带回初步判断结果。远远看见测试人员回来，不等开口，大家就从表情上猜出对试验结果的满意程度。

有一次，在试验前的现场讨论会上，紧张与压力使得于敏和陈能宽两位科学家有所触动，忽然，两人脱口背起了诸葛亮的《后出师表》。"……臣受命之日，寝不安席，食不甘味……臣鞠躬尽瘁，死而后已。至于成败利钝，非臣之明所能逆睹也。"两位大科学家一句接一句地背诵。开始，是一人一句，到后来，于敏一口气把剩下的《后出师表》全背了出来。

他胸中一股磅礴之气，要借古人的文句直抒心意：自己为了国防科技事业，也是无论"成败利钝"，都勇往直前，志在鞠躬尽瘁啊。

在座诸人无不肃然恭听，感情也随之跌宕起伏。

于敏给人们留下的深刻印象，还有千钧一发之际的运筹帷幄、指挥若定。

"智者千虑，生怕一失。"一次，竖井试验的装置已经下到井下，试验前的准备工作正在有条不紊地进行。依然在反复思考的于敏突然想起一个过去被忽略的物理因素，现在情况变了，应当考虑它的作用。他立即伏案进行粗估，果然发现这个因素有可能产生影响！

他马上组织人员布置用多个程序进行对算，同时向上级汇报请求暂停作业。

此时此刻，牵一发而动全身。各级领导不断催问计算进展，在试

验场地的邓稼先更是心急如焚，一会儿一个电话。于敏依然是泰山崩于前而不变色，经过两天一夜的奋战，计算结果终于出来了，落实了那个物理因素对大局无影响，不需要改动设计。后来，试验按时进行，取得圆满成功。

在总结会上，于敏意味深长地对大家说："'自谓经过旧不迷，安知峰壑今来变'，那个因素在过去和这次试验中虽然没有造成影响，但不等于它永远不起作用。在以后的理论设计中必须小心谨慎，不能让它滑过去。"

科学严谨是于敏一以贯之的人生态度。

1970 年，在青海核武器研制基地，一个型号工作出了问题，三次重要的冷试验没有获得满意的结果，上级领导要求研究团队严肃对待，找出原因，把邓稼先和于敏都叫到高海拔的青海参加"学习班"。

于敏秉持实事求是的工作态度，以精辟的分析，提出自己的意见：理论方案仅在技术上需要修改。

但是上级领导认为这种结论的力度远远不够，除了技术分析，还要深挖意识形态上的问题，对他的表态很不满意。

他却始终坚持讲真话。上级领导的态度越来越严厉，不止一次严令他按照他们的意图表态发言，或者默认他们的结论，否则，就不能"过关"，就要把他作为反面典型进行批判。

巨大的压力一下子转到于敏这边。

一天，于敏被逼得急了，他一改往日温和文雅的风度，拍案而起，厉声说："我讲的话完全是实事求是，完全遵从科学规律，要我违背科学说话，那是绝不可能的！"

于敏一向脾气温和，总是轻言慢语，同事们就没见过他发脾气，这是他唯一的一次拍桌子。

这次发脾气，不但保护了年轻的科研团队，最可贵的是，维护了正确的科研路线，避免了科研工作走弯路，为战略装备建设赢得了宝贵的时间。

于敏后来对年轻的同志们说："我宁愿挨批判，也绝不能为了过关就说违背真理的话。"

邓稼先由衷地感叹："老于是有骨气的人！"

坚持真理，坚守科学精神，不畏权势，不讲违心话，他赢得了大家发自内心的尊重和爱戴。

对三次冷试验的分析工作做完了，出现的问题还要赶紧解决。于敏带着科研团队留在青海草原，进行艰苦的技术攻关，不仅要找出三次失败的原因，还要保证在最短时间内解决全部问题，技术、心理等压力种种叠加，压力之大，可想而知。

于敏带领科研团队深入一线，不但亲临现场细心观察、了解细节，还和实验人员共同设计实验方案。有时做实验之前，测量人手不够，他们就自己亲手去测量。

通过理论和实验、设计、加工人员的奋力攻关，终于澄清了技术问题，并且找到了改进的设计方案。到次年的春末夏初，他们完成了一系列爆轰实验，圆满地解决了以往的所有问题。

这小半年和于敏一起工作的经历对许多同志产生了很大影响，他面对高压时的勇于担当、科学求实的治学态度以及无私奉献的一腔赤诚，体现出真正的大家风范。

但是，巨大的压力给于敏的精神和身体都带来极大的痛苦。核武器研制基地的海拔有 3000 米，他的高原反应相当严重，经常吃不下饭，大家说于敏是"人在 221①，吃的是 122"——早上打饭打一两，中午二两，晚上二两，就这么点儿，还经常吃不下去，身体十分虚弱。

出差人员住的宿舍和要去的工作场所有一段距离，有时候有车坐，有的时候没车就得自己走。好几次走在路上，于敏难受得直呕吐，他是忍着极大的不适坚持工作的。

有一次，于敏坚持要在现场等待爆轰实验结果。他当时又累又倦，年轻人劝他先回宿舍，他不肯，他放心不下，要第一时间看实验结果，实在累得坐不住，就不讲究地裹着皮大衣躺倒在走廊一角休息。

待到问题解决后，在回北京的火车上，似乎是身体硬挺到了极限，于敏终于撑不住了，出现便血，下了火车勉强到家，当天晚上就休克了，被赶紧送往医院急救，经过了一段时间的治疗才恢复。

青海的这次经历，严重透支了于敏的健康。

无私无畏的付出，还是得到了收获。他们的工作终于获得了圆满成功。

---

① 青海核武器研制基地的代号是 221。

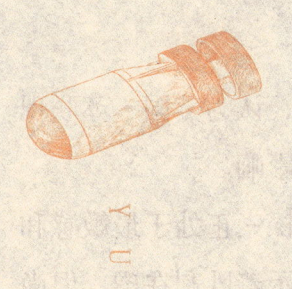

联名建言中央

回顾中国核武器发展史，留给我们的时间窗口从来都是很紧张的。20 世纪 80 年代中期，国际禁核的动向越来越明晰，国际社会要求停止核试验的呼声越来越高。

美国政府和当时的苏联政府均表现出不同意全面禁试的姿态。但是，邓稼先和于敏都有个共同的判断：核大国很可能改变先前的立场和主张，同意禁试。

他们的判断建立在严谨的理论研究基础上，并对国际核态势做了全面了解和分析。

这个判断的立足点是一个科学的认识：核武器发展其实是有一个极限的。如果发展水平已经到 90% 了，再往前走，要费很大的努力、很长的时间，可能也就取得一点点进步。

于敏通过数值模拟计算，判断出美国、苏联

已经到达或接近了这个极限。

他去找邓稼先讨论，邓稼先也同意他的意见，认为美国、苏联现在如果停止核试验，实际上对他们不会有太大的影响。

而当时中国初代核武器刚刚成型，新型号的探索正处于最敏感和最关键的爬坡阶段，许多重要的成果和进展都预示着胜利在望，但尚未成功，还需要做多次核试验（我们完成的核试验次数仅仅只有30余次）。

核试验是探索、研制和检验核武器最直接最有效的手段，是核武器研制和技术发展的一项重要内容。每个核大国发展核武器都是从核试验做起，通过核试验来检验武器性能，通过核爆炸来展示研发能力，甚至达到核威慑的目的。

当时，美国的核武器试验已经做了1000多次，苏联做了700多次，停止核试验，对他们没什么损害。但对中国就不一样了。一旦被迫禁止核试验，已经奋斗了10年的新型号研制，无法通过试验来验证，就要退回到原点！那将是中国国防尖端技术事业不可弥补的巨大损失。

而美国、苏联等核大国如果出于政治需要，很可能在一夜之间就同意全面禁止核试验。这样，既限制了别人发展，又可维持本国的核优势地位。

邓稼先对于敏喟然长叹道："山雨欲来风满楼，我们心里得有数啊！"

于敏果断地说："要抓紧时间！否则，10年工夫，功亏一篑，那就可惜了！"

他们商定，要向中央上书，给中央领导写信，建议加快国防尖端科技事业发展进程，赶在禁止核试验到来之前，做完应该做的工作，拿到我们需要的数据。

当时，邓稼先已经因为直肠癌住进了医院，于敏找来九院代院长胡仁宇、九所副所长胡思得，就在邓稼先的病房里商谈，最后决定由邓稼先和于敏口述、胡思得执笔，撰写这封给中央的信件。

随后一段时间，于敏通过书信方式和邓稼先讨论、斟酌建议书的起草。这两位并肩作战的战友，在 1986 年 3 月完成了这份建议书，以两人联名的方式向中央提交。

两人在建议书中详细分析了各核大国的技术发展水平，研判了当时世界各国的军事动态，分析了我国的武器发展状况以及存在的差距，明确提出关于加快核试验的建议。这是建议书最重要的内容。

建议书还有第二部分内容：发展高新技术，培养高技术人才。

建议书对我国高新技术发展提出了一些具体的设想，这些设想均是影响到国家安全的战略性、长远性、全局性的关键技术安排。

这份建议书很快就得到了中央的批复。

果然，美国于 1992 年一口气做完 6 次核试验后，就向联合国大会提出进行全面禁止核试验的谈判，印证了邓稼先、于敏的判断。

也正是邓稼先和于敏 1986 年的建议书，提前规划了我国核武器的发展。随后 10 年，核武器研制完全按照建议书的设想进行安排。团结奋进的科技队伍，终于在 1996 年 7 月底完成了计划中的全部试验，把我国的核威慑能力提升到一个新的高度。

他们关于高新技术发展的建议也得到采纳，中央相继组织安排了

一系列重大科研论证和攻关，由此建设起一批大科学工程，培养了一支优秀的科研人才队伍，更是巩固了相应学科的发展壮大。

这份建议书，是于敏最后一次与邓稼先合作。建议书递送出去仅4个月后，邓稼先就与世长辞了。于敏痛失挚友！

早在北大物理系读书时，于敏就认识了邓稼先，那时邓稼先是年轻的助教。后来在近代物理研究所，他们重逢了；再后来汇聚到核武器研究所，他们就再也没有分开……

回忆起与邓稼先近半个世纪的友谊，回想起与邓稼先一起挑灯夜战、一起讨论思考、一起向上级领导汇报、一起给职工加油鼓劲的场景，想起遭遇挫折时相互鼓励、获得成功时共享喜悦，想起无数刻骨铭心的共同经历，于敏不知不觉泪流满面。

哀悼之余，他心中涌起一种深沉的感觉，自己肩头的担子更重了啊！

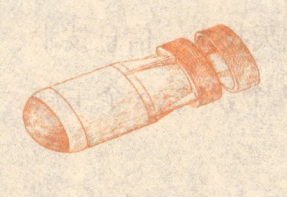

高新技术研究

1983 年，美国提出"战略防御计划"，即"星球大战"计划。欧洲也提出"尤利卡"计划。发达国家把发展高技术作为争夺经济和军事主动权的主要手段。

王淦昌、于敏等科学家敏锐地察觉到国际上这一发展态势。他们早就意识到，科技的竞争就是国家的竞争，科技创新犹如逆水行舟，不进则退，如果不奋起直追，就会被别人拉开很长的距离。

1986 年 3 月 3 日，王大珩、王淦昌、杨嘉墀和陈芳允 4 位科学家向党中央提出了《关于跟踪世界战略性高技术发展》的建议。两天之后，邓小平迅速做出同意的重要批示。

当年，中共中央、国务院正式批准并发布《高技术研究发展计划纲要》，这就是"863 计划"。

　　"863 计划"的高技术项目涉及生物技术、航天技术、信息技术、激光技术、自动化技术、能源技术、新材料等 7 个领域 15 个主题，每个主题下设若干专题。

　　于敏致力于激光技术专题研究。他与陈能宽等专家对该领域的研究内容与方向进行了深入研究论证，确定了发展方针与方向。

　　激光驱动惯性约束聚变（简称 ICF），是受控核聚变的一种方式。

　　核能，日益成为人类社会生活和经济发展的重要能源。目前，科学家获得核能的两个重要途径是核聚变与核裂变。裂变发电技术是成熟的，核反应堆就是基于核裂变的原理实现发电的，但裂变的一些产物有长寿命放射性，不干净，这些核废物必须要进行专业性处理。因此，科学家们并不满足，他们追寻的目标是受控的核聚变。

　　与裂变能发电相比，聚变能发电最大的优点是干净，而且材料可以从海水中提取，可谓"取之不竭"，所以受控核聚变用作能源的前景非常吸引人。

　　国际上最早提出激光驱动惯性约束聚变研究的是我国杰出的物理学家王淦昌和苏联的科学院院士巴索夫（Basov）。

　　作为一位优秀的核物理学家，王淦昌对激光所拥有的强度大和方向性强这两个特点很感兴趣。早在 1964 年，他就提出：如果把激光与核物理二者结合起来，应该可以有新的有趣的发现。他这个设想和苏联科学家巴索夫的设想很类似。两人在同一时间不约而同地提出了这个把激光与核物理结合起来而形成的新的交叉学科。当然，当时他们提出的还只是科学概念的雏形。

　　把惯性约束核聚变这个概念进一步完善和明确起来的是美国科学

家纳考斯（Nuckolls）。他于 1972 年提出，用激光束加热并压缩一团氘燃料，就会产生一次微小的核聚变——四面八方都被光围绕着的一个微型太阳。

将一个微小的太阳装入一只磁瓶，从而把全人类从迫在眉睫的全球气候变暖和能源危机恐慌中解救出来，这个辉煌的梦想足以让科学家们兴奋，让他们坚持不懈地探索下去。

于敏当然也认识到这项工作的重大意义。他那时虽然有重大国家任务在身，但是依然投入不少精力。20 世纪 70 年代，他提出以 X 光辐射驱动方式实现激光 ICF 的概念和构型；提出激光可用于核武器理论研究，从理论上初步论证了可行性；他还为中国 ICF 发展布局提出设想。20 世纪 70 年代中期到 80 年代中后期，他和王淦昌等科学家合作，不断推动激光聚变研究在争取国家立项支持、培养人才队伍、建设系列大型先进装置等方面获得进步。

高技术研究，一般都是理论先行，核武器研究如此，激光驱动惯性约束聚变研究也是如此。

20 世纪 70 年代，当时国际上公开讨论的是直接驱动方式，于敏就在思考并产生了一个间接驱动的设想，便组织科研人员学习调研。他还亲自设计了柱状黑腔，并与王淦昌一起规划组织了实验，首次实现了间接驱动内爆出中子。后来美国解密发表间接驱动惯性约束聚变研究内容，与于敏的设计如出一辙，原理和结构类似。

1974 年，于敏将 ICF 中的关键科学技术问题从五个方面进行了总结，在研究所开设了为期 3 个月的"等离子体动力学"系统授课。后来，他又开设了"激光聚变的物理过程"和"粒子云方法"专题讲

座。于敏的授课有一个特点，物理概念清晰深入，物理、数学处理严格巧妙，所以听课者甚多。大家听完后表示受益匪浅，评价"专题的精髓和奥妙尽在其中"，至今，很多人还珍藏着当时的讲义和学习笔记。

于敏还结合国际最新研究成果，开设了"激光与等离子体相互作用和孤立子问题"课程。他还编写了专著《等离子体动力学》，为激光聚变研究储备、培养了基础科技队伍。

1977 年，于敏与王淦昌赴上海促成九院与中国科学院上海光学精密机械研究所密切合作，把国内的理论、实验、诊断、制靶的优势力量和研制激光器的优势力量联合起来。后来，双方进一步合作，成立上海激光等离子体物理联合实验室，于敏兼任学术委员会主任。这个实验室有力地推动了我国 ICF 研究。

1978 年，为了使更多的人了解国际上刚刚开展的 ICF 学科，把握其极为复杂的物理问题，中国科学院专门组织了学术研讨会。于敏受邀参加会议并做了主报告。他将 ICF 研究勾画成一幅非常清晰的图像，从研究的目的、可能的技术途径、关键科学技术问题到国际上最新研究成果及研究前沿动态，都讲得清清楚楚，引人入胜，出席会议的老一辈科学家严济慈、王淦昌、钱三强、彭桓武、王大珩等听得津津有味。这个报告对我国迅速决策开展 ICF 研究起到重要作用。

1988 年 8 月，由王淦昌率团参加了在意大利西西里岛召开的国际会议。在这次会议上，一些美国的专家介绍了美国的 ICF 研究情况，据他们透露，美国实验室的激光聚变研究获得重大进展，大能量的激光器 NOVA 正在运行，一些重要的研究结果也在会上公布出来。

这立即引起了与会各方很大关注。

回国后，王淦昌就向九院的同志们传达了美国惯性约束核聚变研究的进展情况。他还提醒大家注意，国外在 ICF 方面的突破预示着 ICF 发展出现了诱人的前景。听完王淦昌的介绍，于敏觉得，我国应该把这项工作进一步发展起来。

ICF 是一项庞大的系统科学工程，需要充足的经费支持。但是，当时国家还没有发展 ICF 的统一规划，经费不足是一个棘手的难题。

为了尽快开展研究，于敏提出：首先要争取到国家的大力支持，其次要动员全国有优势的单位和个人积极参加。

1988 年，由王淦昌主持，王大珩亲自起草了一封给中央的信件，建议将 ICF 研究列入国家高技术"863 计划"。

这封信由王淦昌、王大珩写好，于敏、胡仁宇、邓锡铭三位科学家一一审阅修改，最终定稿后，以王大珩、王淦昌、于敏联合署名呈送给时任中央军事委员会主席邓小平。

令他们高兴的是，邓小平同志很快就做了批复，交由李鹏总理办理。

1989 年 1 月 26 日，王淦昌、王大珩、于敏、邓锡铭、贺贤土等 5 位科学家到中南海向李鹏总理做了专门汇报。他们汇报了一个下午，李鹏总理仔细地听了科学家们的讲述，最后提了几个问题，很爽快地同意将 ICF 纳入"863 计划"。

我国 ICF 研究步伐从此加快了。

1993 年 3 月，惯性约束聚变主题专家组（416 主题）正式成立，这个大科学工程吸引了全国 1000 多名优秀专家参加。正如于敏的建

议，要团结和调动全国的力量，组织和集中众多专家的智慧。自此，我国 ICF 研究迈入新的发展阶段。

经过"九五""十五"两个五年计划，中国的 ICF 研究团队突破了一系列关键科学和技术难点，基本建成了我国独立自主的研究体系。

于敏被聘为主题专家组顾问。他在很长一段时期担任此职，以自己丰富的智慧和经验，对主题发展起到了不可或缺的把关与推动作用。每当发展到关键时刻，于敏总是本着发扬学术民主的精神，及时召集专家商议相应的决策，牢牢把握好科学技术的发展方向。

深厚人文素养

于敏是一位文理兼修、具备深厚人文素养的科学家。他的人文素养使得他对人生的理解通透而豁达。

在岁月长河中，他也经历过困难蹉跎乃至委屈不公、失落失意。他的成长经历就很能说明他的个性与风骨。1955年他就获得"全国青年社会主义建设积极分子"荣誉，但是直到1984年才正式加入中国共产党，其间隔着近30年的光阴。这30年中既有紧张激烈的科研奋战，也时不时受极端氛围侵扰。尽管如此，他淡然地面对强加于自身的不公，更加明确自己的职责与使命，始终保持理想的纯净，对党和人民的事业更加忠诚。1984年，他正式加入中国共产党。邓稼先是他的入党介绍人之一，邓稼先爽快地说："老于早就符合共产党员的标准了！"

"不以好恶乱其中，不以利害多其外"，于敏以有容乃大、无欲则刚的人生历程，告诉后来者，在纷繁复杂的环境里该怎样坚持自己的人生目标。

于敏最欣赏的历史人物是诸葛亮。他对《前出师表》《后出师表》了如指掌，随口就能背诵，平时手边也总有《三国志》和《三国演义》，闲暇时就拿起来翻一翻。他对诸葛亮有高度评价："是知其不可为而为之，为了理想而奋斗终生，是一个政治家、军事家、道德楷模，最可贵的是他鞠躬尽瘁、死而后已的精神。"

他家的客厅里还悬挂着一幅字，是诸葛亮的名言"淡泊以明志，宁静以致远"。

他曾深有感触地解释说："非宁静无以致远。所谓宁静，对于一个科学工作者，就是不为物欲所惑，不为权势所趋，不为利害所移，始终保持严肃的科学精神。"

这也是他最深切的人生体会。在日常生活和工作中，无论顺境、逆境，他一直秉持知识分子的风骨，他的人格中呈现出最优秀的先进分子的本色。

日常他也以诸葛亮的鞠躬尽瘁、死而后已的精神自勉。

一次，一位记者把他比作诸葛亮式的人物，他笑着说："我比诸葛亮差远了，他是中华民族的英雄，我只是萤火虫，怎能与皓月争辉！"如此谦虚自省，他的冷静与淡泊令旁人更加钦佩。

一些好奇的人曾经猜想，这样一位大科学家，他那聪明的脑袋瓜肯定夜以继日地在思考科学问题，平时不是看英文文献，就是推公式、搞计算，否则怎么能做出那么多泽被中华民族的重要贡献。

可是令很多人料想不到的是，于敏家有一个书柜，满满的都是中国古典文学名著，里面的很多书，如《古文观止》《史记》《红楼梦》等，他反复摩挲，经常阅读，甚至出差也会带上一本。

他的古典文学积累极深，造诣极高。众多经典，他熟记于心，许多名篇更是反复背诵，脑海里装着大量诗词文赋，随口就能吟诵，尤其是李白、杜甫的诗，几乎每一首都记得。

古典文学修养赋予了于敏儒雅气质，也赋予他丰富的灵感和情感。在充满艰难险阻的科研道路上，在每一个令人困惑迷茫的时刻，于敏总能从哲理的高度，对现实做出清醒的预估，这就是文理通达的优越之处。

而且，他自幼爱读的那些经典诗文，其内里赤诚的爱国情怀，也早就随着那些或优美或激昂的文句烙印在他心底。

他不但自己读，也教会给孩子们。

于敏教给孙子的第一首诗词，就是岳飞的《满江红》。

中华民族的知识分子，为了国家的富强安定，为了人民的幸福，为了追求真理，从来视功名、利禄、权位如浮云，这是从古代圣贤传下来的一贯的优秀品格。于敏正是如此，默默无闻，无私奉献，几十年如一日，中国知识分子以国家民族大义为重的传统在他身上体现得极为突出。

长期浸淫在古典文学的意境里，于敏在科学研究之外的其他爱好也是有关传统文化。他爱听京剧，年轻时甚至能唱上一段。在上海"百日会战"时，在以前研究所的春节团拜会上，很多人都看过于敏的京剧表演。

　　出差旅途劳顿，熟悉他的司机往往会在车上准备一些京剧的CD，听到京剧，于敏总会精神一振。他对京剧大家和门派的风格特点如数家珍，听到唱段还可以做出很多点评。耄耋之年，他依然保持着收听、欣赏名家唱段的爱好。

　　悠长的唱段浸透人生百味。老年时的于敏，阅读文献报告之余，常常安坐在窗前的书桌前，伴着京剧腔调，静静地思考。

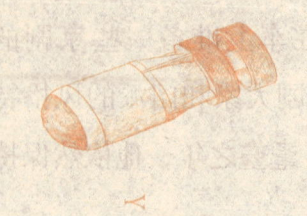

无私提携后进

于敏在专业方面的造诣，令人佩服，而他也很乐意将自己的学习方法与人分享。

如有人向他请教问题，他是知无不言，有求必应，有问必答，诲人不倦。

在理论部时期，学风民主，人们习惯于向于敏等大科学家提问题。那时候人们就发现，于敏对待提问者始终那么和蔼真诚，他微微笑着看向你，鼓励你把困惑和看法大胆讲出来，他也总是尽全力去回答。

人们总结，向于敏请教有"三不"：一是不论时间场合，随时随地可以提问；二是不论范围，物理、力学乃至其他相关学科都可以问；三是不论问题大小难易，他同样耐心解答。

一次，一位大学刚毕业的年轻人向于敏请教一个基础理论方面的问题，他耐心做了解答。回到家中他还不放心，连夜仔细推导公式，第二天交给年轻人几页纸，清楚誊写了详尽的推导过程。

曾经有人好奇地问："人家问什么，你就痛快地都说出来，你不怕教会了别人，别人就超过你了吗？"

于敏呵呵笑起来："谁有问题，我和他讨论讨论，他懂了，这是好事啊！而且，人都在学习中，他学习进步，难道我不学习进步吗？我不怕别人超过自己，因为我们每一个人都在进步。"

一代代年轻人来到研究所，对于敏，他们敬重之余还有深切的佩服。年轻人往往好奇又激动，身边竟有这样一位功勋卓著又平易近人的"大神级"科学家，他那微微谢顶的脑袋里仿佛有什么神奇宝藏，年轻人多么希望自己也能像他一样啊。

经常有各处团委、青年工作办公室向于敏发出邀约，请他参加年轻人的座谈会，辅导并指点年轻人成长，于敏总会愉快地答应，他会提前把其他工作安排好，准时赴约。在这些座谈会上，他讲学习方法，也讲治学态度，更鼓励年轻人传承"两弹一星"精神。他学养深厚，语言幽默，经常满座皆欢，掌声不断。

有一次，团委想请于敏专门谈谈怎么才能像他那样打下雄厚的理论基础。

于敏笑着对前来邀请的年轻后辈说："这个问题问得好！要突破科研瓶颈，关键就看基础研究的根基是否扎实！"

当时他的工作很忙，忙得连轴转，但还是抽出时间认真做了准备。

在座谈会上，他重点谈如何阅读，把自己大学时期的读书经验拿

出来分享。

当天参加座谈的人数大大超过预计，不仅有年轻的团员，许多超龄的科研人员也跑来听，没座位了他们就自己搬来板凳，没地放板凳了就站着听。大家怎么舍得放弃听于敏讲如何读书的机会呢？

于敏告诉大家："打基础是很重要的。一本好书的精华并不多。初学时会感到愈看书愈厚，融会贯通，就会感觉愈看愈薄，只有到了这种境界，才可以随心所欲，灵活运用。"

这段话给很多人留下深刻印象，没有什么艰涩难懂的大道理，他就是这么诚诚恳恳、明白晓畅地讲述，让人一下就听到心里去。

一个人的成长过程中难免遇到这样那样的困难，有很多时候需要别人指点。年轻人初涉核武器物理研究，一时找不到头绪的情况很多。遇到年轻人踌躇疑惑，于敏从不袖手旁观，更不会因此而不耐烦。

有一次，他带着科研人员算题。当时，大家使用的还是电子管计算机，大量数据打印在纸带上，在于敏的言传身教下，科研人员都已经习惯于看纸带。大家一进办公室，立即沉浸在紧张的工作中。突然，安静的办公室里传来一位女生轻轻的嘀咕声："这怎么回事啊？"

于敏抬头一看，是一位刚分配到所里的大学生，只见她拿着纸带，一脸犹豫的样子。见于敏抬头，这位女大学生赶紧埋头看向桌面，仿佛懊恼自己惊扰了大科学家。

于敏放下自己手头的工作，轻快地走到女孩身旁，和气地问："小曹，怎么了？"

小曹不好意思地开口："我看这纸带的数据好像对不上啊。"

　　于敏知道，刚接触纸带，的确不容易上手，他对小曹笑着说："不要着急，我和你一起看。"

　　于是，于敏带着小曹把这部分计算一步步完成了。小曹高兴地说："谢谢于先生，我会了！"

　　过后，小曹对于敏心悦诚服："这就是大科学家的风范！"

　　为了培养科研队伍，于敏还经常结合学科领域研究特点，为科研人员开设专题讲座。

　　他的讲课深入浅出，能用精练、准确、形象的语言，把深奥的问题讲得清楚简单，深得大家喜欢。

　　在所里，于敏的学术报告特别受欢迎。只要听说是于敏讲课或做报告，头一天就有人搬椅子占座位，当天准是满座，连过道和门口都挤得水泄不通。

　　严密的逻辑推理、清晰的物理概念、独到的见解、透过现象抓本质的功底、惊人的记忆力、准确流畅的语言、生动的表达方式，使于敏的讲课独具魅力。许多人都说，听于敏讲课是一种享受。

　　原九所所长、数学家李德元曾说："老于不但自己功力深厚，也很善于引导，他做报告，能让大家非常愿意跟着他的思路往下听，这也体现了他培养年轻科研人才的能力。"

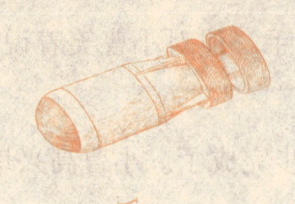

悉心指导学生

因为深厚的学术造诣、宽和仁厚的品格、对年轻后辈的谆谆教诲和无私指点，于敏受到科技工作者的爱戴。许多在工作和学习上得到他帮助的人，感激他的教诲，都自认为是其不记名的弟子。

但是于敏一生，因为承担的国防尖端科技研究任务太繁重了，真正收的弟子并不多。

在原子能研究所时，他指导了一些年轻大学生，并带领他们在核物理研究中取得非常优秀的成绩，其中的佼佼者有张宗烨院士。

张宗烨曾回忆，自己上班第一天，就被于敏老师给问倒了。"我们看文献的时候往往是推导公式，知道每一个量代表什么意思，但是对于工作来说这不够，工作时要知道公式的适用范围，用公式来获悉基本的量的大小，要明白公式背后的物理知识，这些在只做书本学习的时候，是学习不到的，而要在研究工作里才能学到。"

张宗烨受于敏指导10年，她觉得最大的收获是学会了在复杂的现象里剥离出主要的物理因素，她回忆跟随于敏学习的经历让自己"受益匪浅"。

到核武器研究所后，一项又一项国家任务接踵而至，于敏就再没有收学生了。于敏的想法是：如果把学生招进来，又没有时间和精力去指导，那不就"误人子弟"了吗？他不肯这样做。

直到20世纪90年代，根据高技术发展需要，他才招收了一名博士研究生蓝可。这也是他唯一指导的一名博士研究生。

蓝可是经过了一段特别的经历才考上他的研究生的。

蓝可在中国原子能科学研究院读硕士的时候，就听说了于敏院士，对他的学问极为仰慕，但是1991年第一次报考博士研究生时，尽管她的基础知识很扎实，但因为考试的两门专业课都没学过，以微弱的差距遗憾落榜了。

在失望中，蓝可却突然接到于先生电话，他让她先来九所工作一年，从事X激光的理论研究和数值模拟工作，然后根据工作能力决定一年后能否再报考一次。

喜出望外的蓝可自然十分珍惜这个机会。而于敏对这位待考察的年轻人也十分用心，自己工作再繁忙也会挤出时间约见蓝可讨论工作。考虑到蓝可之前没有专门学过相关的专业课，他还另外安排资深研究员给予专门的指导。

刚开始做X激光的理论研究时，蓝可心里有些打鼓。因为大学

本科学的是工程专业，在理论物理方面，有许多基本知识都很欠缺，连通过物理图像思考问题这类基本功都没得到足够的训练。她有些害怕，怕愧对于老师。有一次，她在于敏面前透露了自己的担心和顾虑。没想到于敏却神态轻松地说，只要认真深入地钻研，就可以做出很好的工作。

他不是敷衍年轻的弟子，他从不吐夸张之言，他是心中有数的。于敏对蓝可说："你知道朱洪元吗？朱洪元就是从学工程转为学理论物理的。转一下怕什么？"

朱洪元院士是著名的物理学家，这个例子令蓝可很振奋。而且于敏老师的态度给了她巨大的信心，让她有勇气面对学习上的困难。

一年时间飞快地过去，蓝可觉得自己已经"入了门"，于敏也同意她再报考他的博士研究生。

1992年8月19日，蓝可等到了好消息，于敏在她的录取书上写下"同意"并签上了名字。蓝可终于成为于老师的学生了，她为此激动不已。

于敏对蓝可的要求是：每个星期都至少要安排一次讨论和汇报。

蓝可在读博士的三年里，只要于敏在北京，这个规矩雷打不动。每次讨论，于敏、另一位指导老师张毓泉和蓝可三人围坐在于敏的办公室，仔细分析计算结果，数据要一个一个地查看，再一个一个地分析物理量。

在讨论结束之后，于敏还常把一些计算结果带回家去继续分析思考，有时多到需要张毓泉研究员用自行车帮忙把文件驮回家。在下一次讨论的时候，于敏就会拿出几张纸，即他在家分析的结果，他不是交给蓝可就算了，而是详细地讲解给蓝可听，一定要她听懂掌握。

于敏当时虽已 65 岁，但他敏捷的思维、严密的逻辑和快速的数学计算能力常常令蓝可惊叹不已，蓝可感觉自己被于老师一步步带进了奇妙深邃的物理殿堂。

蓝可很享受这段艰苦但愉快的学习："跟着于老师学习，真是太幸福了！"

他们的讨论，经常安排在周末，几乎每次都是从早上九点持续到下午一两点。大家都顾不上休息。经常是于敏的妻子孙玉芹数次打来电话催着回去吃午饭，讨论才告结束。

于敏向来体弱，日常往往小病痛不断，他也知道大家关心他的身体，所以在旁人面前，他从不谈及自己的病痛，即便是有人察觉他有不舒服，担忧地问起，他也总是轻描淡写一带而过。有时候，他因病无法来办公室，就约蓝可去家里，照样讨论上三四小时。蓝可怕影响他休息，总惦记着早点离开，于敏却谈兴不减。看见蓝可一副担心又犹豫的神情，师母孙玉芹就会笑着说："你们接着讨论吧！你一来，老于就好多了！"

每次讨论结束时，望着老师满脸倦容，蓝可既感激又心疼。

回忆起恩师的指导，蓝可动情地说："他坐在桌前一页一页地翻阅、一行一行地撰写，我内心深处总会被强烈地震撼和感动，浮躁的心绪荡然无存，更增添了像他那样扎扎实实做学问的动力。"

于敏很重视培养学生的文献阅读能力，他提出要"广博知识，活跃思想"，传授给蓝可阅读文献资料的经验，更具体要求到每个星期都要花上一两天的时间在文献的阅读上。

有一次，他找来一篇有关 X 激光的评论性英文文章，要求蓝可先提前看看，然后他再领她阅读，每人读一段。读完一段，他便进行讲解和评议，同时还把文章中所列的公式推导一遍。那一次的阅读经历给蓝可留下了深刻的印象，她明白了"什么是认真读书"。

于敏对学生非常严格。一次，他让蓝可口述一项工作。蓝可觉得自己已经想得够清楚了，可怎么也表达不明白，便说："我想清楚了，但我说不出来。"于敏告诉她说："说不出来，就是没想清楚。回去想清楚了，下次再讲。"这给了蓝可一个很重要的提醒，如果只是想一想，不一定真的掌握了，要能用合适的语言明白地表达自己的想法，才是真的清楚了。

让蓝可触动很深的是，虽然于老师为国家和人民立下了巨大功劳，但是她从来没有听老师讲过任何一点自己的辉煌业绩，更没有看到他流露过丝毫的骄傲。无论是在全所的会议上表述学术思想，还是在办公室讲解一个简单的物理问题，他总是那么淡定与平和。

蓝可说："我在于老师的指导下学习工作了这么多年，从来没有看到于老师待人对事藉以激烈的言辞，从来没有听到于老师高声表达他的学术观点。"

的确，于敏个性温和，他从不以权威自居。如果在学术讨论中遇到不同观点，无论对方年纪大小、地位高低，于敏阐述完自己的观点后会用征询的语气加个结尾：这样是不是更好一些呢？他这样温文尔雅的风范，令讨论更为诚恳和客观。

学者们也喜爱和于敏讨论问题。苏宗涤研究员是他在原子能研究所指导过的进修生，于敏离开研究所多年后，还惦记着苏宗涤的工

作。有一次在和于敏谈话中，苏宗涤将自己工作中的困惑说出来，于敏给予了明确的指点，一句话化解了当时存在的疑惑和争议，苏宗涤形容是"一针见血"。

当时，于敏已经离开原子能研究所 20 年了。但是，苏宗涤深深地感到：尽管不在同一个单位了，尽管已经间隔了 20 年的光阴，老师始终还是老师。时间增益了他们的学识与亲情，却不会对他们产生丝毫的阻隔。

所以，当过去的学生们遇到什么困难时，总爱来请教于老师，当他们转向新的研究领域时，也会来听取于老师的意见。而于敏总是非常热忱，以他的博学广识介绍有关研究的情况及进展，也对相关课题坦承自己的理解，并为学生进行准确分析。

此生心系国防

渊博的知识，出众的智慧，高瞻远瞩的决策能力，于敏把自己的全部都奉献给了国家，他对科研之外的事情都关注极少，对自己、对日常生活都抱着十分恬淡的态度。

于敏天赋过人，但是天才并不等于成功。天赋加上勤奋，才能通向成功。

著名核物理学家王乃彦院士与于敏从 20 世纪 60 年代就开始长期合作。他对很多人都说过一件小事：在上班和下班路上，总能看到于敏带着《冲击波物理与高温流体动力学现象》一书。当时，于敏已经因为突破氢弹原理而为大家所推崇，但显然他并没有放松在学养上的要求。

一旦沉浸于研究中，于敏就心无旁骛，废寝忘食。他的妻子孙玉芹，温柔大度、贤淑能干，一力挑起家中大事小事，她很注意照顾于敏的身

体，总担心于敏劳累过度，想着法子哄他换换脑筋休息休息，但于敏老是不合拍。

有一个星期天，妻子对他说："你也该出去走走，不要老是趴在书桌上。这样吧，我正好要去王府井百货大楼，你和我一起去吧！"

于敏一听就不愿意，他不爱逛街。可是妻子反复劝他："你就陪我走一趟，咱们买了东西就回，不会多逛的。"

好不容易才说服于敏放下手中的书，一起出了门。

到了王府井百货大楼门口，见到门外一片人来人往的热闹情景，他又不乐意了："闹哄哄的，我就不进去了。"

妻子不知道该怎么办，于敏反过来劝她："我不走，就在门口等你，等你买好东西一起回家。"

妻子无奈，只好自己进了百货大楼。可是等到她匆匆买好东西出来，却不见于敏的踪影了。

那时候没有手机，连电话座机都是很稀罕的物品，更没有公用电话。找不到人，孙玉芹想，一定是于敏等得不耐烦就自己回了家。她也赶紧坐公交车赶回家中。但是回到家里，家里没人，她又跑去单位，也不在办公室。人到哪儿去了呢？

一直等到华灯初上，于敏才姗姗归来。妻子都快急坏了，于敏还笑呵呵的。一问，原来他就近找了个僻静处，继续思考问题，继续做他的学问。他一旦沉浸于学问中，恍如周围再无车马人声喧哗，待到问题解决，这才发现自己又没跟上趟。

妻子也拿他无可奈何了。

这样一位潜心科学的人，对名利之事看得极淡。

他为氢弹研制立下的功劳，他为国防科技事业所做出的贡献，一直不为公众所知。直到 1989 年，于敏的名字才被公开报道，他的杰出成就才为世人所知。此时，距离他放弃基础研究、隐姓埋名已经28 年了。

他的事迹一经披露，电视台、报纸的各种采访请求也如雪片般飞来。但他大多客气地谢绝，说："氢弹是大家共同完成的事情，我又有什么好采访的？"

对国家给予的荣誉，他也谦虚地表示，自己只是做了应当做的工作，荣誉属于参加核武器研制的全体科技工作者、干部、工人和解放军指战员。

有一次，《南方周末》记者采访他，称他为"中国的氢弹之父"，他坚决反对。他说："核武器的研制是集科学、技术、工程于一体的大科学系统，需要多种学科、多方面的力量才能取得现在的成绩，我只是起了一定的作用，氢弹又不能有好几个'父亲'。"

不仅是在镜头下，他在很多场合也都反复强调核武器事业是一项集体事业，是全国大力协同的成果，不是哪一个人、哪一个单位能够独立完成的。

这不但充分展示了他的博大胸襟，更体现了他一直倡导的民主科学、实事求是、集体协作的精神。直到老年，他反复强调要坚持实事求是，要大力协同，他很担心浮躁的社会风气会影响国防科技队伍的学风和作风，影响"两弹一星"精神的弘扬与传承。

1994 年，于敏获得"求是科技基金会"奖励，他立即拿出奖金设立于敏数理科学基金，用以资助、褒奖优秀青年科技人员。

他的功高不矜、扶持后俊，在当今的科研大环境下，弥足珍贵，而他也因为虚怀若谷、渊博仁厚，被一代代科研人员视为良师益友。

1999 年 9 月 18 日，中共中央、国务院和中央军委在人民大会堂隆重举行表彰大会，表彰为研制"两弹一星"做出突出贡献的科技专家。23 位为"两弹一星"事业做出重大贡献的科学家被授予"两弹一星功勋奖章"。于敏的名字赫然在列。

颁奖大会上，于敏作为受表彰科学家的代表发言。他说道：

今天，中央隆重表彰"两弹一星"的成就，弘扬"两弹一星"精神，作为当年参加核武器研制的一名科技工作者，我感到由衷的兴奋。党中央、国务院、中央军委授予 23 位科技专家"两弹一星功勋奖章"，不仅是我们个人的荣誉，也是参加"两弹一星"工作全体科技工作者、干部、工人和解放军指战员的共同荣誉，是全国科技工作者的共同荣誉。

我的青少年时代是在抗日战争时期沦陷区度过的，亡国奴的屈辱生活给我留下深刻的惨痛印象。我周围还有一些同事是在国外留学，出于爱国热情，放弃国外优厚待遇回到祖国从事这项工作的。正是这种民族忧患意识和强烈的爱国主义情感，促使我下定决心从基础研究转向研制氢弹工作。从此，在研制核武器岗位上一干就是 40 年。研制原子弹的关键技术突破后，进一步集中力量，对氢弹原理进行了多路探索……我们在老科学家带领下，新老科技工作者团结协作，发扬学术民主，对众多复杂的物理问题逐一研究，反复进行计算机模拟实验，终于克服了重重困难，发现了热核充分燃烧的关键，逐步形成了从原理到结构完整的物理方案。1966年12月28日，我国成功地进行了氢弹原理试验，突破了氢弹。从突破原子弹到突破氢弹，我国只用了2年零2个月，美国用了7年零4个月，苏联用了6年零3个月，法国用了8年零6个月，我国的速度是世界上最快的。

高技术，特别是国防高技术从国外是根本买不来的……我国为什么能够只用很少的试验，就达到这样高的技术水平呢？我认为其中重要的一点是在中央正确方针指引下，通过实践，逐步摸索积累了一条符合中国国情的科学的技术路线……

第一，我们认真贯彻中央制定的发展核武器的方针，立足有限目标，先进技术。

第二，我们十分慎重选择实现目标的技术途径。本着科学求实，勇于创新的精神，在技术途径上力求做到不走弯路或少走弯路。

第三，我们选定技术途径后，一次试验多方收效，这样每经过几次试验，我们就能做到技术上有所突破，就能跨上一个新的台阶。

时光流逝，回首往事，艰辛的岁月，时代的使命，仍历历在目。现在国家正在实施科教兴国、科技强军的重大战略，任重道远。我们将牢记中央的嘱咐，沿着有中国特色的独立自主发展道路，继续开拓

进取，为国家和民族的强盛，为维护世界和平做出更大的贡献。

　　这篇讲话，发自肺腑，充满爱国热情，充分体现了对科技强国的执着追求，洋溢着对未来的强大信心。

　　一颗忠于国防科技事业的金子般的心，比那枚沉甸甸的黄金奖章更为贵重！

　　所以，朱光亚先生用八个字盛赞他："献身国防，功勋卓著。"

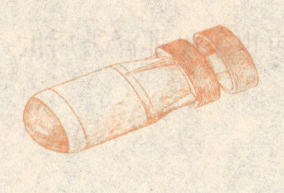

人民不会忘记

2015 年 1 月 9 日，于敏在工作人员和家属陪同下，来到人民大会堂，他获得了 2014 年度国家最高科学技术奖。当他从习近平总书记手中接过奖状，大会堂里响起长时间的热烈掌声，与会的科技界代表衷心地向这位卓越的老者表示敬意。

这是他最后一次出现在公众面前。

不曾有一日离开国防科技研究的于敏，在 2017 年因病住院了。在医院里，他还坚持工作，一旦有同事来探望他，他总会很高兴地聊起工作进展。

他的生命之火一直为国防科技事业而燃烧。

2019 年 1 月 16 日，一颗高贵的灵魂飘然远去。

于敏与世长辞。

再也不见那儒雅沉稳、和蔼轻缓的君子风范，

再也不见那埋头纸带、从容报告的笃定与智慧，再也不见那泽被后世却谦虚自省的传奇与伟大。

这是国防科技事业的重大损失！

人们用各种方式纪念他，追思他的卓越贡献、他的睿智豁达、他的慈和友善、他的谆谆教诲……

胡思得院士撰文说：于敏同志是我们永远的榜样。

这样简朴的话，一字一句，说出的是核武器科技工作者集体的心声，传达出科技人员的坚定信念。于敏一生淡泊，对他的缅怀，对他精神的继承，无需华丽的辞藻，要以实干成绩来告慰英灵。

令人动容的，还有普通民众在各大媒体平台上的真挚留言。一位大学生这样写道："最近才知道于敏老先生的事迹，想到他和他的同伴们在半个世纪前，在那么艰苦的条件下，做出举世瞩目的成就，想到他一腔赤诚的爱国情怀，我为自己是中国人而自豪。"

于敏曾经多次说，一个人的名字早晚是要没有的，能把自己微薄之力投入到祖国强盛中就足以自慰了。他终于以自己无私而赤诚的奉献，成为中华民族的骄傲。

2019 年 10 月 1 日，天安门，国庆 70 周年庆典，21 辆礼宾车缓缓驶过长安街，车上坐着的乘客每人都举起手中的牌子，每张牌子上都有一位老者的照片。直播镜头推进，屏幕前的人们又看到了于敏那儒雅谦和、笑意温煦的面容。

那是群众游行序幕——"致敬"方阵，"致敬"老一辈领导人、建设者和军队英模，缅怀他们的精神和风范，表达人民群众对他们的爱戴。为伟大祖国献身、为人民幸福生活奋斗的已故建设者，由他们的家人高举照片，接受共和国和人民的致敬与礼赞。

国庆节前，于敏和其他 7 名卓越贡献者，被授予第一批"共和国勋章"。这是国家给予个人的至高荣誉。

于敏曾入选"感动中国 2014 年度人物"，颁奖词是这样写的：

离乱中寻觅一张安静的书桌，未曾向洋已经砺就了锋锷。受命之日，寝不安席，当年吴钩，申城淬火，十月出塞，大器初成。一句嘱托，许下了一生；一声巨响，惊诧了世界；一个名字，荡涤了人心。

他的名字，荡涤人心；他的事迹，永载史册。

于敏爱诗，但却很少写诗。在 73 岁那年，他对自己的人生做了回顾，写了一首题为《抒怀》的七言诗，这首诗很适合作为本书的结束。让我们再次体悟于敏的追求和情怀：

忆昔峥嵘岁月稠，

朋辈同心方案求；

亲历新旧两时代，

愿将一生献宏谋。

身为一叶无轻重，

众志成城镇贼酋；

喜看中华振兴日，

百家争鸣竞风流。

　　人民永远不会忘记，共和国自己培养的、爱党爱国、无私敬业、"愿将一生献宏谋"的杰出理论物理学家——于敏！

　　无数国防科技工作者将沿着他和前辈科学家们开辟的道路，勇敢执着地走下去！

大事年表

1926 年　8 月 16 日，出生于河北省宁河县芦台镇（现天津市宁河区芦台镇）。

1944 年　7 月，高中毕业，经同班同学陈克潜父亲、启新洋灰公司副经理陈范有引荐，由启新洋灰公司资助到北京大学工学院电机系学习。

1946 年　9 月，辞谢启新洋灰公司资助，转入北京大学理学院物理系学习。

1949 年　7 月，大学毕业，考取张宗燧先生的研究生，患伤寒病住院治疗。在病床上听到毛泽东主席宣布中华人民共和国成立。

1951 年　1 月，调入中国科学院近代物理研究所，从事原子核理论研究。

1961 年　1 月，参加氢弹理论的预先研究，从基础研究转入武器研究。出任轻核反应装置理论探索组副组长。

1965 年　1 月，率轻核理论组调入二机部九院理论部，任理论部副主任。

9—11 月，带领理论部部分科研人员赴上海华东计算研究所，突破氢弹原理，提出一套从原理到构型基本完整的氢弹设计方案。

1966 年　12 月 28 日，在新疆核试验基地参加氢弹原理试验，试验取得圆满成功。

1979 年	6 月，任九院九所所长，领导、负责我国新一代核武器理论研发和设计。
1980 年	11 月，当选中国科学院学部委员（1993 年改称院士）。
1986 年	3 月，和邓稼先联名给中央提交加快国防科技任务安排进程的建议书。
1999 年	9 月 18 日，荣获中共中央、国务院和中央军委颁发的"两弹一星功勋奖章"，出席在人民大会堂举行的颁奖大会并代表获奖者发言。
2015 年	1 月 9 日，获 2014 年度"国家最高科学技术奖"。
	10 月 13 日，获"全国敬业奉献模范"称号。
2018 年	12 月 18 日，被授予"改革先锋"称号。
2019 年	1 月 16 日，在北京 301 医院逝世。
	9 月 17 日，被授予"共和国勋章"。

图书在版编目（CIP）数据

于敏 / 吴明静著. — 长沙 ：湖南科学技术出版社，2024.5
（"共和国勋章"获得者的故事 /武向平主编）
ISBN 978-7-5710-2927-2

Ⅰ．①于… Ⅱ．①吴… Ⅲ．①于敏（1926-2019）—传记 Ⅳ．①K826.16

中国国家版本馆 CIP 数据核字（2024）第 097518 号

YU MIN

于敏

主　　编：武向平
著　　者：吴明静
出 版 人：潘晓山
总 策 划：胡艳红　辛　兵
责任编辑：邹　莉　刘羽洁　杨　旻　吴　嘉
出版发行：湖南科学技术出版社
社　　址：长沙市芙蓉中路一段 416 号泊富国际金融中心
印　　刷：长沙市雅高彩印有限公司
　　　　　（印装质量问题请直接与本厂联系）
厂　　址：长沙市开福区中青路 1255 号
邮　　编：410153
版　　次：2024 年 5 月第 1 版
印　　次：2024 年 5 月第 1 次印刷
开　　本：710mm×1000mm　1/16
印　　张：8
字　　数：85 千字
书　　号：ISBN 978-7-5710-2927-2
定　　价：30.00 元